AF193037

Las desventuras del fantástico hombre isla

Iván Esquíroz Márquez

Las desventuras del fantástico hombre isla
Iván Esquíroz Márquez

No se permite la reproducción total o parcial de este libro, ni su incorporación a un sistema informático, ni su transmisión en cualquier forma o por cualquier medio, sea éste electrónico, mecánico, por fotocopia, por grabación u otros métodos, sin el permiso previo y por escrito del autor. La infracción de los derechos mencionados puede ser constitutiva de delito contra la propiedad intelectual (Art. 270 y siguientes del Código Penal).

© Iván Esquíroz Márquez, 2024

Diseño de la cubierta: Equipo de diseño de Universo de Letras
Imagen de cubierta: ©Shutterstock.com

Obra publicada por el sello Universo de Letras
www.universodeletras.com

Primera edición: 2024

ISBN: 9788410276215
ISBN eBook: 9788410277274

Prólogo

Ningún hombre es una isla entera por sí mismo. Cada hombre es
una pieza del continente, una parte del todo.

John Donne, *Las campanas doblan por ti*

La primera vez que escuché esto fue por boca de mi madre durante una bronca que me pegó por no recuerdo bien qué motivo; solo acierto a afirmar que fue por teléfono y supongo que tendría razón. A pesar de que, otrora y por otros motivos, frustró mis iniciativas de escribir algo, debo agradecerle esta cuña, que, con o sin intenciones, me ha ayudado a superar algunos escollos en mis andares y me ha servido de inspiración. También debo agradecer el título a una amiga a la que admiro y que me ayudó a encontrar forma y referencia a otro de mis intentos literarios inacabados.

Debo advertir a quienquiera que pueda leer esto que no debería tomárselo demasiado en serio ni como un vademécum para lidiar con sus reflexiones, ni mucho menos como guía de referencia emocional. Tan solo se trata de una especie de bitácora personal, sin demasiado orden y bajo mi propio criterio, en la que he vomitado mis pasajes y devaneos mentales. Sin embargo, haciéndolo crecer, he pensado que tal vez pueda ayudar a que otras personas en la misma situación que yo encuentren referencias y parecidos razonables que los hagan sentirse un poco más reconfortados. Mal de muchos...

En algunos pasajes de mi vida he llegado a pensar que no soy normal, que no soy fácilmente adaptable a los cánones de esta sociedad, pero, con el tiempo, las canas y las licencias que te brinda la edad, identifiqué la causa, conseguí darle forma a este sinsentido y, hoy en día, he aceptado mi propia condición, me he reconciliado conmigo mismo y, al fin, he decidido salir de este zulo.

El camino

¿Cuántas veces habré empezado algo que, sin mucho motivo, dejé a medias? Hay donde elegir: un curso, leer un libro, escribir un libro, hacer una web, tocar un instrumento, empezar un viaje... ¿He dicho ya escribir un libro? En efecto, muchas, demasiadas, son las ocasiones en las que perdí el interés por algo que inicié con ímpetu adolescente y acabó arrinconado en esa parte de mi cabeza en la que guardo los trastos inútiles. Y en esto tienen cabida hasta las relaciones personales; sí, he dicho relaciones personales, desde amistades hasta parejas o proyectos de ello.

Lo cierto es que tengo una especial tendencia a perder rápidamente la motivación por las cosas que hago y de una manera bastante ligera, casi sin haberme dejado absorber lo suficiente como para sacar conclusiones. De hecho, tengo una cuestionable habilidad para huir de todo aquello que pueda suponerme un vínculo etiquetable.

En mi vida he probado muchos platos, y algunos muy exóticos. He aprendido a tocar la armónica de *blues*, a preparar *sushi* o a diseñar páginas web, y siempre de forma autodidacta. He volado en parapente durante muchos años (ahí me dejé enseñar) y también he buceado. He pilotado motos en circuito, he competido en triatlón al más alto nivel de exigencia y hasta he cruzado el desierto en bicicleta. He viajado solo por países asiáticos y, en varias ocasiones, me he integrado con sus gentes, e incluso he hecho bonitas amistades. Me he enamorado y también he enamorado; he sufrido y he hecho sufrir. Y, sin embargo, no me considero músico, ni cocinero, ni motero, ni triatleta, ni ciclista, ni siquiera una buena pareja.

Nunca le he puesto nombre a este mi comportamiento, para ser coherente con mi aversión a las etiquetas; siempre lo he asumido como una cualidad propia de mi pereza. Si tuviera que sintetizar mi propia descripción, sería algo así como prolífico a tiempo parcial, con mucha iniciativa y muy productivo, pero solo hasta la media parte.

Y, sin embargo, en ocasiones y por cuestiones que no acabo de entender, me centro en objetivos muy ambiciosos, e incluso logro alcanzarlos. ¿Cómo se digiere este *resopón*?

Nunca he sabido por qué me pasa; bueno, ahora creo que sí, que ya empiezo a asumir el origen de mi laxitud emocional selectiva. Pero este camino no es de losas amarillas y ya empiezo a tener llagas en los pies. Rozo el medio siglo y, si giro la cabeza hacia el pasado, no recuerdo una etapa de mi vida en la que no razonase de este mismo modo; en otras palabras, creo que jamás me he sentido fuertemente vinculado a nada ni a nadie.

Por cierto, también he autoaprendido a usar el punto y coma sin ser lingüista.

Léase al inicio que he hecho hincapié en lo de escribir un libro, y no por añadir un toque salpimentado, sino porque es así, tal cual. No quiero pecar de petulancia, pero sé que no escribo mal, que me hago entender y resulto hasta ameno (fíjese usté). Llevo algunos años haciendo mis pinitos en esto de combinar lexemas, morfemas y palabras; incluso he aprendido a hacer el pino puente, aunque después me esguincé y aún me sigue doliendo (de nuevo autodidacta hasta para hacerme daño).

Rondaría yo los veintipico bien largos cuando acabé de leer un libro satírico con el me quería identificar. ¡Qué extraño!, acabé algo que empecé... *Lo mejor que le puede pasar a un cruasán* se llamaba el relato, y me reí tanto que me supo mal acabármelo. Yo quería más historias como esa, que me atrapasen e hicieran de mí un lector asiduo (venga etiquetas...), pero no, no había más cruasanes ni cuentos con droga para mantenerme enganchado a un libro. Entonces decidí escribirlo yo mismo. Tomé referencias de mi círculo más cercano, me centré en la figura de un amigo mío con el mismo nombre que yo, pero unos cuarenta kilos más. Era fumador y yo lo metamorfoseé hasta hacerlo casi adicto al cannabis, a la pereza y a rascarse los huevos. Lo disfracé con depresión, hastío por su vida tediosa, y lo rodeé de gilipollas sobreactuados. En resumen, lo desfiguré a mi antojo porque yo quería reírme, crear una historieta sardónica y, de paso, escribir un libro, mi libro. Sin embargo, mi interés fue menguando hasta dejarlo en ese cajón de mis sesos, donde solo hay pelusa, cachivaches viejos.

Durante todos estos años (ahí es na) he intentado retomarlo en muchas, muy muchas, ocasiones, pero nada, las musas me cogen con las manos ocupadas. Ni recuerdo ya cuántas veces habré hablado de mi libro a medio escribir aun a sabiendas de que estaba criando malvas. Incluso lo empiezo a encontrar ridículo cuando releo algún fragmento. También reconozco que era otra época, otro contexto y otro yo, con veinte años menos. En cualquier caso, ahí se quedó, a modo de anécdota y engrosando la larga lista de iniciativas con las patas muy cortas.

Pero no solo ha sido un libro, también empecé a escribir un blog cuando se empezaban a poner de moda allá por el final de siglo, mucho antes de que Twitter hiciera creer a muchos impertinentes que eran columnistas del *The Times*; luego llegó Instagram y ya lo acabó de joder todo.

Por aquel entonces vomité mucha flema en mi blog, me desahogué como nunca y purgué más mierda emocional de la que yo mismo creía que llevaba dentro de mí. Me descargué a placer con mis progenitores, declaré mis sentimientos amparado en el anonimato e incluso creí crear mi propio estilo literario: la *prosolírica*, una suerte de prosa con ínfulas poéticas sin rima, pero con soniquete (¡y qué a gusto me he quedado!).

Sin embargo, las consecuencias de mi desdén espontáneo han sido a veces desastrosas: por no cuidar mi jardín creativo y pagar a tiempo la cuota a mi proveedor de servicios web, acabé perdiendo todos los escritos acumulados durante algún que otro año. Ahora nos imaginamos que un pintor pierde varios años de sus obras por culpa de un incendio y ahora le añadimos que ese pintor se dejó un brasero encendido junto al maletín de sus óleos y acabó causando el fuego. Y ahora digamos que ese pintor gilipollas soy yo. Pues eso me pasó por procrastinar los pagos al hacendado de mi web. Y con esto ya he explicado cómo me deslomé haciendo el pino puente literario.

Los años han ido pasando y, a pesar de muchos pesares, volví a escribir, no sin cierto desdén y con algo de merma en mi motivación. Hoy en día he vuelto a retomar esa ocasional costumbre de vomitar flema emocional en un blog (soy de la vieja escuela), con un aspecto más cuidado y, a pesar de que es muy esporádico, procuro mantener al corriente mis deberes financieros y aseguro mi propio dominio en la red de redes.

Y como todos los caminos comienzan por un primer paso, de nuevo vuelvo a escribir, pero esta vez sin demasiadas pretensiones, sin expectativas concretas y como si fuera para mí mismo, aunque soy consciente de que me hago trampas jugando al solitario y siempre escribo pensando en que alguien puede llegar a leerlo.

Signo de exclamación

Ira. Sí, ira, ese sentimiento emocional provocado por la indignación, que se torna fisiológico y hasta social si alguien lo percibe. Ira. No sabría precisar desde cuándo convivo con mis coléricos arranques ni me aventuro a decir que siempre han cohabitado conmigo porque mentiría; pero tampoco puedo fijar con exactitud ni el punto de partida ni las épocas valle. Ni siquiera en mis defectos aplico la constancia regular.

Creo que todos quienes tenemos un mínimo de carácter hemos pasado por capítulos y momentos puntuales en los que exudamos a Satanás por los poros de nuestra piel, esos instantes en los que nuestro entorno se revela contra nuestra percepción y perdemos los papeles, los mandos de la nave, y entramos en un trance kamikaze que nos hace reventar como un globo en un zarzal. Hasta ahí todo normal, en lo que a personas normales se refiere.

El problema de verdad surge cuando tu alrededor, en este caso el mío, está en serenidad aparente, nada debería perturbar la calma chicha imperante, y, de repente, cualquier nimiedad saca al kraken de las profundidades de mi psique: un recuerdo en mi cabeza, un diálogo que jamás ha existido, una tarea que se complica o el absurdo golpe en el brazo con un picaporte en el pasillo de casa. ¡Erupción estromboliana! Acabo blasfemando en hebreo y generalmente golpeando alguna mesa, una puerta o una pared, con tan mala fortuna que ya me he fisurado algún hueso de la mano (no exagero). Estos abscesos de flema y de inquina incontrolable no transcienden de mi propia piel (salvo al mueble agredido), y el único pagador de las consecuencias es mi estado de ánimo y mi foro interior, bien dañado. Lo sufro yo solito, a *caraperro*, y no me aporta ningún beneficio, lo sé.

En un reciente capítulo de mi existencia, de viaje en solitario por voluntad y ocio, sufrí un amargo episodio de rabia y coraje, fruto de un bucle de indecisión casi parvularia que me condujo a una paralizante sensación de frustración e impotencia. Sin entrar en los absurdos detalles que me indujeron a ese cuadro, tan solo destacaré que la situación acabó en autocastigo: llegué a golpearme la cabeza con tanta fuerza que acabé sentado en un portal, mareado y con una seria preocupación por el posible daño que me había causado. El pecho se me calentó desmesuradamente, la rabia me nubló la vista y llegué a odiarme tanto que preferí no estar conmigo mismo en ese momento. El dolor duró varios días. Por fortuna, durante ese arranque, estaba solo en una calleja bastante recóndita, era de noche y creo que nadie me llegó a ver. Bonito pasaje. Como atenuante a tal ridículo privado y para no escandalizar al respetable, tengo que confesar que durante los meses anteriores tuve que lidiar con varios contratiempos personales, familiares y hasta laborales. Evidentemente, todo suma.

En el otro extremo de la mesa de debate, del mismo modo que convivo con esta nitroglicerina emocional, tengo otra faceta carente de equilibrio: me deshilacho con la misma facilidad que me enhebro. A algunos les encanta ver vídeos de gatitos; yo no puedo con ellos (ni con los vídeos de gatos), pero me basta ver a un nuevo talento cantando en un *late-show* para que mis ojos se empapen sin preliminares. Se me enquista un nudo en la garganta cuando veo una bonita nueva pareja en un *reality*-restaurante. He llegado a emocionarme leyendo con incredulidad algunos escritos que yo mismo he parido en tiempos anteriores y, sin embargo, nunca, de ningún modo, jamás consigo romper a llorar; tan solo se me afloja la nariz un poco, se me acristalan los ojos y mi garganta se anuda hasta provocarme un dolor considerable. Pero no, no me desahogo; más bien, al contrario.

En el epílogo de todo esto, puedo afirmar que no es algo de ahora mismo, de los últimos meses o del último año. Esta exótica combinación de contrastes me acompaña desde hace mucho mucho tiempo, con temporadas más desleídas y con algún capítulo un poco más roquero. Ni todo es el Valhala ni todo es el averno.

La pregunta elíptica que subyace de todo esto es muy obvia: ¿por qué me sucede esto? Y la segunda pregunta, que cae por su propia lógica, es esta: ¿soy la única persona que sufre estas contradicciones? Y como complemento romántico: ¿qué siniestra planta arraiga en la profundidad de mis neuronas, para provocarme semejante absurdez? Y el mayor de los interrogantes: ¿sufro de trastorno bipolar[1]?

En la vertiente social, me reconozco como un escéptico de libro. No creo en las personas, y mucho menos en las buenas personas. Defiendo a ultranza lo que un amigo del pasado me dijo un día: «Todo el mundo es un hijoputa hasta que demuestre lo contrario». Y qué razón tenía. Hoy en día ese amigo es juez, no es broma, y sigue teniendo razón, o por lo menos se la otorga él mismo.

---

[1] El trastorno afectivo bipolar (TAB) se caracteriza por fluctuaciones extremas en el humor, el comportamiento o incluso la energía del individuo. Existen varios tipos de trastorno bipolar según su severidad: trastorno bipolar tipo I, trastorno bipolar tipo II, ciclotimia y trastorno bipolar no especificado.

Jamás creo ni creeré en la bondad desinteresada de nadie. Todos y cada uno de nosotros hacemos lo que hacemos a cambio de algún beneficio, aunque sea el emocional propio. Pero, en ocasiones, esa premisa protectora se diluye en mi consciente y un simple gesto de cortesía hacia mí me hace cambiar de criterio. Fíjese usted, así soy de laxo. Soy proclive a ablandarme y tratar de ver el supuesto lado afable de las personas de mi entorno cuando sus conductas hacia mí parecen atisbar algo de amabilidad. Dicho en palabras sencillas: tengo una ñoña tendencia a enamorarme cuando me tratan bien y muestran preocupación por mí. Luego vienen las hostias emocionales, los desengaños y las consecuencias que ello conlleva. Y no hablo de relaciones de pareja; hablo de mis relaciones sociales en general.

La verdad, ya lo he dicho anteriormente, y con otras palabras: nunca he tenido relaciones sociales de larga duración ni parejas con visos de boda (no, nunca me he casado).

En otra vertiente de mi persona, y aunque de un modo menos tangible aparentemente, la mayoría de quienes me conocen seguramente afirmarán que tengo un carácter fuerte y en ocasiones hasta tosco; sin embargo, soy relativamente fácil de vulnerar. El conocido dicho de «No ofende quien quiere, sino quien puede», en mi caso se interpreta como «se me ofende y se me hiere con extrema facilidad aunque ponga cara de arrancarte la cabeza de cuajo», o, visto de otro modo, la procesión va por dentro... y descalza.

Tratando de amalgamar estos picos emocionales tanto hacia arriba como hacia abajo, afirmo, confirmo y ratifico que me caracteriza una especial, muy enfatizada y cuestionable capacidad sensitiva; o sea, una sensibilidad muy acentuada y en ocasiones hasta molesta. Es decir, con muy poco combustible emotivo, puedo sentir mucha felicidad pasajera, pero también una angustia muy amarga. En otro momento hablaré sobre estos extremos y esta cualidad, porque no solo se circunscribe al estado anímico, también adereza otras percepciones más divertidas.

Ya por último, para acabar de aderezar esta sinfonía de sabores (o sinsabores, más bien), tengo la irreprimible manía de intentar verme en la piel de otras personas; fabulo pensando en cómo sería mi vida si fuera Fulano, Mengano o Trajano, generalmente personas cercanas a mí (y no hablo del experimento *six degrees*[2]). Me doy la impresión de que no acabo de encajar en mi propia vida y conmigo mismo (¡vaya paradoja!).

Si sumo todo este batiburrillo y lo aderezo con mi mala leche creciente (muy agria), comienzo a tener sobradas evidencias de estar cocinando un plato poco apetitoso.

Todo este compendio de evidencias objetivas puede resultar bastante obvio, pero recordemos que es más fácil apreciar la paja en el ojo ajeno que la viga en el propio, máxime cuando se trata de sentimientos, sensaciones internas, pensamientos o incluso reacciones simpáticas que ejecutamos sin pensar y ni siquiera percibimos.

No obstante, tampoco hay que hacer un retiro espiritual introspectivo para llegar al nirvana propioceptivo y darme cuenta de que algo no acaba de funcionar muy bien dentro de mí mismo. En una síntesis comparativa, muy escueta y rala, entre mí mismo y lo que conozco de mi alrededor, puedo afirmar que no soy *normopensante*, si es posible aceptar esa denominación para hacer referencia al razonamiento común y normal del 98 % de la pobla-

---

[2] A finales de los 60, el psicólogo estadounidense Stanley Milgram demostró que, en promedio, dos individuos cualesquiera en el mundo están separados por cinco conexiones. Se la conoce comúnmente como la teoría de los 6 grados de separación o del mundo pequeño.

https://en.wikipedia.org/wiki/Six_degrees_of_separation

https://hbr.org/2003/02/the-science-behind-six-degrees

ción (según estadísticas). Y esto lo deduzco yo solito, sin ayuda de nadie, como casi todo lo que hago.

Es en ese momento vital, indeterminado y sin fecha exacta cuando asumo que ya no puedo ser autosuficiente, que la situación empieza a sobrepasarme y necesito encontrar un punto de apoyo. Me resigno a aceptarlo, no sin tragar saliva, y le digo al yo de mis adentros: «Nene, necesitas ayuda».

De lo que
acaeció con...

Bien, vale, de acuerdo. Ya lo he admitido en mi foro interno, ya he luchado contra mi propio ego, mis principios y mi objetividad (esa de la que tanto me jacto). Ahora levanto las manos como un encañonado en un atraco y clamo al aire: «¿Por dónde coño empiezo?».

No es fácil admitir un error, y mucho menos cuando se trata de tu propia conducta, que deriva por el callejón equivocado y te puede acabar llevando a un barrio de esos chungos en los que nadie quiere perderse. Ahora bien, ¿a quién le pregunto por la calle correcta? ¿Se le pregunta a alguien o esto mío se considera muy privado? ¿Realmente necesito ayuda o es que yo mismo me ahogo en un bidé? Doctor, ¿es grave? A ver si el doctor me va a mandar a la mierda cuando le venga con tonterías de desequilibrado... Pues de aquellos polvos... Mal comienzo para la cohorte de consejeros mentales que han ido amenizando mi camino vital.

La risueña. Me remonto al Pleistoceno: tenía yo poco más de veinte años cuando padecí mi primera ruptura sentimental de verdad, de las que te dejan temblando y con efectos primarios, secundarios y hasta colaterales. En mis sollozos de posadolescente, acabé en la consulta de una psicóloga, bastante joven, por recomendación de una prima mía (aunque suene a guasa, es cierto). Le expliqué mi desdicha y mi mal de amores, esperando una cura milagrosa. Creo hice el ridículo porque su cara mostraba una media sonrisa perenne y no me sentí ni medio comprendido. Salí de su consulta con una sensación de vergüenza inapelable. No tengo un claro recuerdo del transcurso de aquella conversación, pero no volví más.

El clérigo. Continuando con mis angustias y con mis mierdas, años más tarde volví a probar suerte: en esta ocasión no había faldas de por medio, pero empezaba a sentirme desubicado en ese espacio que va desde mi ropa hacia afuera, hasta lo que llamamos sociedad. Acabé en el despacho de un señor muy serio, con cara de sacerdote en un piso del Ensanche de Barcelona. Acudí en busca del elixir del buen rollo, del jarabe mágico que todo lo cura, y pude observar el hastío y aburrimiento en su cara, incluyendo la ceremonia de quitarse las gafas, frotarse los ojos, cejas, y mirarme con cara de desprecio. Eso sí, salí con el *pack* del drogata iniciado: lorazepam y escitalopram. A este cotillón se le sumó un cuelgue permanente y una disfunción eréctil que aún me recuerda una amiga mía cuando nos vemos. Nunca regresé para darle las gracias a aquel *gentilhombre*.

La presumida. *Tempus fugit* y cuando me quise dar cuenta, años después, estaba cogiendo una baja por ansiedad, producto de un crematorio de informáticos (una empresa para la que trabajé un desdichado tiempo de mi vida). Cómo no, me acordé de santa Bárbara y se materializó en forma de psicóloga madurita, con más bótox que tablas. Forcé la máquina y llegué a visitarla dos veces, hasta que hizo un desglose de mis desventuras y confundió a mi padre con un tío mío fallecido (a quien le debo mi nombre), mezclado con mi jefe y agitado con Jesucristo. Un caos. Me hubiera gustado decirle aquello de «*vístete deprisa y olvídate de mí*», pero solo le pedí un informe para la mutua y me volatilicé.

La alquimista. Quemados unos años, una nueva ruptura sentimental me pellizcó eso mismo: el sentimiento. Acabé tirando de una profesional (¡de la mente, por favor!). De nuevo me sentí ridículo llorando mis penas a un desconocido a cambio de, eso sí, una jugosa minuta por cada hora de paños calientes. Conocí el diazepam, me hice amigo de las benzodiacepinas y otros barbitúricos, aunque no lo quise aceptar nunca. Tres visitas, y no hubo una cuarta tras varios episodios de descomposición intestinal. Me recomendó un psiquiatra, que, por supuesto, nunca visité.

Los años pasan, las arrugas arrugan y las mierdas se acumulan como la pelusa detrás de un armario. Seguía sin encontrar mi sitio. Ya no había líos de faldas, no había bajas laborales ni penurias aparentes ni llantos de adolescente; pero sí una falta de sentido a mi propio sentido. Un sinsentido en sí mismo. Ya no había una excusa aparente ni una explicación que me autojustificase. ¿Qué coño me pasaba?

El coleccionista cartesiano. Debió ser la ansiedad sin lógica, la congoja inexplicable y la frustración por no ser algo que ni siquiera sabía si debería ser. También hubo otra ruptura sentimental, pero no fue el vector principal. En esta ocasión seguí el orden de mi seguro médico y pasé por el aro del psiquiatra, ese profesional que, en mi mente, evocaba a un domador de locos, trepanadora en mano. Acabé visitando a un señor de mediana edad (más mediana aún que la mía, que no es poca) en un despacho atestado de libros variopintos y suvenires que revelaban su inequívoca afiliación comunista: desde unas matrioskas auténticas hasta una foto del Che Guevara, una *ushanka* soviética y algún detalle más que ahora no recuerdo. Su pose formal, su halo de seriedad misteriosa y su bigote sobre el labio aún me retrotraen a una mezcla entre Peter Sellers y Vincent Price. Todo un personaje.

Con este profesional he llegado a hacer silencios de muchos segundos, hemos jugado a caras de perro, creo que hasta nos hemos llegado a desafiar mentalmente, pero siempre me ha repetido lo mismo: «No parece que usted quiera curarse. Debería buscar terapia, pero no lo hace». Lo cierto es que le he aguantado varias sesiones, bien sea porque es un prolegómeno no invasivo o porque me receta «golosinas» para paliar mis soplapolleces mentales. El caso es que nos hemos visto en una media docena de ocasiones, eso sí, siempre sin llegar a ninguna conclusión.

La Pinta y la Niña. Durante este periodo de citas con el *gentleman* bolchevique (desde el cariño y el buen rollo), probé suerte con la baraja de mi seguro médico. Como el juego nunca se me ha dado bien, la suerte tampoco me ha sonreído ni siquiera en la custodia de mi salud mental. Dos de dos, y ninguna buena. Dos psicólogas jóvenes, muy académicas (demasiado), de las más metódicas de la facultad, de las que no obedecen al sentido común porque no figura en sus tratados universitarios: la una sobreactuaba al escuchar mis penurias, y la otra me recomendaba meditación. Lógicamente, no las solapé; las secuencié en el tiempo. Y ambas fueron intentos fallidos que no pasaron de una segunda sesión cada una.

De nuevo tuve que escuchar aquello de «no parece que usted quiera curarse». ¡Mis cojones, Peter Sellers! Tú no tienes ni idea de la fauna que me estoy encontrando...

Había perdido la esperanza y el interés por «curarme» (así, entrecomillado). También perdí la relación con Peter Sellers y hasta su contacto, y ni siquiera quise volver a verlo. Hice una retrospectiva de mi vida en formato cinemascope, fui consciente de la cantidad de intentos errados y llegué a la conclusión de que la única solución real que me ha producido efectos tangibles han sido las drogas... legales, por supuesto, y bajo supervisión médica, rotundamente.

He llegado a pensar que mi verdadero calvario reside únicamente en mi distorsionada percepción de la realidad. En otras palabras: que estoy mucho peor de lo que concibo y que dibujo una realidad paralela en mi psique que me acerca mucho a una psicosis clínica de libro. ¿Y si realmente no me pasa nada y soy una especie de hipocondríaco mental? ¿Y si me estoy saboteando a mí mismo? ¿Y si mis ansiedades y mi cólera son inventos de mi sistema límbico? Y si... Y si... Y si...

Pero el tiempo trae verdades, y muy palpables en mi caso. Tras dos ataques de ansiedad (separados en el tiempo, pero reales y originados por causas laborales), mis arranques de mala leche (por temporadas y en solitario, pero cada vez más notables), un señor con barba en mi cabeza fiscalizando todos mis pensamientos (ya hablaré de él en otro momento, porque me persigue desde mi infancia), mi ansiedad imperecedera (sin origen ni motivo aparente, pero somatizada hasta físicamente) y alguna que otra risa más, pasó lo que tenía que pasar: un «¡secabó!», a lo María Jiménez, materializado en forma de fisura en el quinto metacarpiano de la mano derecha, fruto de un alivio del estrés sobre una mesa de mármol. A esto se le unía una semana de insomnio sin motivo aparente. Rozo el medio siglo, pero no voy a llegar al paso que voy.

Llegados a este punto, y como se puede comprobar, la negación es otra de mis apreciadas cualidades. Si bien alardeo de una objetividad fuera de discusión, la obviedad de este salpicón de psicoanalistas, aderezado con vinagre rancio, demuestra que ni he sido capaz de autodiagnosticarme ni he logrado encontrar una explicación lógica a mis descompensaciones socioemocionales.

Cambio de tercio. Si hace unos años los *hipsters* se convirtieron en los gurús de la *new boheme*, la ropa de la abuela volvió a ser tendencia en los locales más *trendy* y las tostadas con aguacate en *vichy gross* convirtieron a los bares en gastrotecas, ahora se estila mucho eso de cuidar la salud mental y asegurar el bienestar emocional en el puesto de trabajo. Sin esperanza alguna, pero sin nada que perder, decidí darme una nueva oportunidad y hacer una visita al gabinete psicológico vinculado a mi empresa.

La perspicaz licenciada. Según la RAE, *serendipia* es: «Hallazgo valioso que se produce de manera accidental o casual». De nuevo una chica joven, pero no mucho más que yo. Mis prejuicios me acompañan, pero mi experiencia me avala. Empecé con mi prólogo habitual, mis industrias y andanzas con sus colegas de profesión, mi descreimiento en la terapia habitual y algún que otro tesoro de mi cosecha semántica y mi poca fe en el psicoanálisis.[3] Creo recordar que me interrumpió o tal vez cambió de tema radicalmente, pero me calló la boca y me lanzó una pregunta a la yugular: «¿Te has hecho alguna vez un test de inteligencia?».

¡Zasca!

---

[3] El psicoanálisis, en el sentido de examen o estudio, es una práctica terapéutica y técnica de investigación fundada alrededor de 1896 por el neurólogo austríaco Sigmund Freud. A partir del psicoanálisis se han desarrollado posteriormente diversas escuelas de psicología profunda o de orientación dinámica y analítica.

Raro, raro, raro

Desde que tengo memoria, me he sentido un tanto divergente; no me voy a tildar de raro porque tampoco me considero un perro verde en un callejón de gatos comunes, pero sí un perro gris en ese mismo callejón.

Si bien al inicio de este relato ya he comentado mi falta de constancia en un único asunto, esto contradice algunos de mis hitos vitales. Tomando un ejemplo representativo, quien tenga un mínimo de relación con el deporte sabrá qué es un triatlón, conocerá alguna categoría de pomposo nombre[4] e incluso puede que sepa qué distancias implica. Bien, he llegado a completar cinco de estas locuras y más de quince de otras medias locuras.[5] Cualquiera deducirá que entrenar lo suficiente para semejante esfuer-

---

[4] La categoría de más alto nivel en triatlón se conoce como Ironman y consta de tres segmentos en los que se recorren las distancias de 3,8 km nadando, 180 km en bicicleta y 42 km corriendo.

https://es.wikipedia.org/wiki/Ironman

[5] Existe una categoría conocida como Ironman 70.3 por la conversión de sus distancias en millas e implica los mismos tres segmentos que el Ironman, pero con la mitad de distancia.

https://es.wikipedia.org/wiki/Ironman_70.3

zo implica mucha disciplina y sobre todo constancia. *Et voil*à, he aquí mi contradicción, mi discordancia absoluta, mi propio oxímoron, mi absurdo personal. ¿Cómo combinan mi falta de constancia con la rigurosa exigencia y perseverancia que requieren estas aficiones? Esto no es un ejemplo aislado; es una de tantas incógnitas que ni en una introspección sensata consigo entender.

Volviendo a mis inicios y aquellos tiempos en los que comenzaba a tener consciencia sobre mí mismo y mis circunstancias, aunque no les pusiera nombre, me remontaré a mi niñez temprana (música medieval para ambientar).

¿A qué edad aprende un niño a escribir? Yo recuerdo haberlo hecho en mi casa, con mi padre como maestro y bastante antes de empezar la EGB, rondando los cuatro años. Tengo un nítido recuerdo de la habitación-comedor en la que se me sucedían las clases sobre la mesa de comer, frente a un póster del *Guernica*,[6] utilizando cuartillas pautadas y las muestras que mi padre me escribía. No guardo un especial cariño por aquellas sesiones, que me resultaban intensas y muy angustiosas, pero ciertamente aprendí a leer y escribir con cierta precocidad.

Mi travesía por la escolaridad pasó por distintos estadios, pero fue a partir de los once años cuando recuerdo un cambio en mis directrices vitales; por circunstancias familiares, nos mudamos a otra ciudad. Lógicamente, yo cambié de colegio, y ahí dio comienzo un constante baile entre el hastío y la incomprensión. No le llamaré aburrimiento, pero lo cierto es que no encontraba motivación alguna en casi nada de lo que hacíamos. Recuerdo algunas clases soporíferas, especialmente las de Ciencias Sociales, Catalán o incluso Lengua Castellana. Otras, como Matemáticas, se escapaban a mi comprensión e incluso llegaba a resolver

---

[6]   *Guernica* es un cuadro de Pablo Picasso, pintado en 1937, cuyo título alude al bombardeo de Guernica por la aviación alemana y la italiana, ocurrido el 26 de abril de dicho año, durante la guerra civil española.

problemas con un razonamiento que solamente yo comprendía; obviamente, el resultado no era correcto, pero en mi foro interno imperaba una secuencia lógica que era capaz de argumentar sin dudar. Una de dos: o yo era el nuevo Pitágoras,[7] o no me enteraba de nada y construía mi propio universo (más bien, esto último).

Llegaba la hora del recreo y sabe Dios[8] que yo intentaba integrarme jugando al fútbol aunque no me gustaba porque sudaba y regresaba a clase pegajoso y sintiendo asco. Fruto de mis fallidos intentos de integración social, tengo una costilla rota mal soldada (gracias a una patada en el costal) y llegué a hacerme un esguince de grado 2 por columpiarme desde el larguero de una portería, con un fatídico desenlace. Como buen espécimen de la generación X, mis padres nunca supieron los motivos reales de tamañas aberraciones, so pena de recibir el doble en casa.

Ni por estas insistencias me sentía un igual entre mis compañeros y mi actividad favorita en la hora del patio era dar vueltas por el colegio filosofando con un amigo, como dos pequeños pensadores rebeldes.

En el calor de mi casa, el escenario no resultaba mucho más comprensible: como a cualquier niño, me gustaban los juguetes, pero lo que más me llamaba la atención eran sus entresijos. Como explicaré más adelante, mi trastulo más preciado era un destornillador que encontré por casa y esgrimía como mi particular Excálibur. No fueron pocas las veces en las que un artefacto mecánico sucumbía a mi curiosidad y me acababa mostrando la razón de sus funciones.

---

[7] Pitágoras, filósofo y matemático griego, considerado como el primer matemático puro de la historia.

https://es.wikipedia.org/wiki/Pit%C3%A1goras

[8] Soy absolutamente ateo convencido y si aún no he apostatado ha sido solo por pereza.

Pasaron los años y el instituto no aportó mejoras a mis relaciones sociales. En un errático intento de encontrar mi lugar, me uní a los malotes a pesar de no ser uno de ellos ni tampoco parecerlo. ¿El resultado? Fracaso escolar y una sensación persistente de desajuste. Ni que decir tiene que mi aversión por el método docente se medía por la cantidad de *campanas* que acumulaba (*"novillos"* para los *boomers*, *"fumarse la clase"* para los Z).

Por supuesto que durante todo este periodo también conocí, me uní, sinergicé, congenié con varias personas y amistades, pero siempre bajo un mismo denominador común de volatilidad y falta de encaje completo.

Hilvanando de nuevo hacia mi niñez y en paralelo al inicio de mis descalabros escolares, rondando los doce años cayó en mis manos mi primer ordenador. Era un Sinclair ZX81[9] que me regaló un primo mío junto a dos vetustos libros de microinformática, uno en inglés y otro en francés. Con la única ayuda de estos manuales, aprendí a programar en aquel primitivo ordenador y, de paso, algunas expresiones en ambos idiomas. Gracias sin límite, Fali. Me cambiaste la vida para siempre.

Se despertó en mí una nueva sensación desconocida hasta el momento, y nada tenía que ver con mi proyección de futuro: fui consciente de que no me gustaba ser enseñado, al menos no bajo los métodos que había conocido hasta ese momento. Pero lo más emocionante fue que descubrí que era autodidacta.

Nunca me ha atraído especialmente la lectura, no al menos referida a novelas clásicas de cualquier estilo (más adelante haré una reflexión que dibuja mi paradoja particular). A diferencia

---

[9] Sinclair ZX81, lanzado por Sinclair Research en 1981, uno de los primeros ordenadores domésticos y el más asequible de la época.

https://es.wikipedia.org/wiki/Sinclair_ZX81

de mi hermana, no he leído un solo libro de "Los Hollister" ni de "Los Cinco", y le tenía especial aversión a la colección "El Barco de Vapor". Sin embargo, por mi casa acumulaba polvo una colección de libros casposos de mi padre llamados "Bricolaje del automóvil". Era capaz de perder el sentido del tiempo leyéndolos, pero sobre todo mirando las detalladas fotografías que los ilustraban. Únicamente con la observación detenida, era capaz de entender cómo funcionaba un árbol de levas, la secuencia de un motor de cuatro tiempos, o cómo instalar una luz de marcha atrás en un Dodge Barreiros. Lo mismo me sucedía con la enciclopedia ilustrada *Larousse*; era ir a buscar el significado de una palabra y acababa ensimismado viendo el corte transversal de la turbina de un avión, hasta el punto de casi verla en movimiento. Fíjese "usté" qué retorcidos caprichos tiene la mente humana.

Retomando lo comentado unas páginas atrás, desde que me integré en el tejido laboral, he trabajado en muchos sitios, incluso he llegado a opositar a los cuerpos policiales en una torpe búsqueda de mi verdadera vocación. Pero fue a los veintidós años cuando inicié mi andadura por el complejo mundo de las TIC (ahora este acrónimo empieza a sonar anticuado). Como suele ser habitual en las consultoras, el tiempo es un bien preciado y normalmente escasea en la planificación de proyectos. Unido a esto, por aquellos años no se estilaba demasiado el concepto de la *formación continua*. El resultado de este cóctel de despropósitos acabó de acuñar la idea del *learning by doing,* eufemismo claro de «búscate la vida y date prisa, que no llegamos a la entrega del proyecto». En mi situación particular, descubrí que la presión me ayuda a agudizar la mente y, sin apenas medios (tan solo unas transparencias un tanto arcaicas y sin explicaciones), aprendí a programar en lenguajes como el ADA,[10] JCL,[11] e incluso puedo afirmar que se me daba bastante bien. De nuevo, mi autodidactismo me lanzaba indirectas.

Tratando de sacar una conclusión tras esta ensalada de contrariedades e incoherencias aparentes, mi veredicto personal no se sintetiza fácilmente. Si bien es cierto que sigo algunos patrones claramente enmarcados en un tipo de perfil cognitivo que más adelante describiré, por el contrario, otra serie de incoherencias se alejan por completo de los patrones prefijados. En síntesis y de forma concreta: lo mío es muy raro incluso para mí mismo.

---

[10] Lenguaje de programación orientada a objetos desarrollado en la década de los 70.

https://es.wikipedia.org/wiki/Ada_(lenguaje_de_programaci%C3%B3n)

[11] El *job control languaje,* o JCL, es un lenguaje de secuencias u órdenes para los sistemas operativos de grandes computadores.

https://es.wikipedia.org/wiki/Job_Control_Language

Ciento y mucho

Aunque algunos no lo recuerden y les cueste medio hemisferio izquierdo entenderlo, hace unos años Internet no existía, al menos no como la conocemos hoy en día, y además accesible para el común de los mortales. Sí, jóvenes de la generación Z, nativos digitales y *centennials*, hubo una época en la que la información no viajaba por fibra óptica ni se reproducía como esporas digitales. Por aquel entonces, el que suscribe estas líneas aprendió a montar ordenadores, que tampoco navegaban por ninguna red, y con la única ayuda del boca a oreja entre amigotes y muchas dosis de lógica aplicada (también algo de prueba-error y algún chispazo que otro). Más adelante esta deriva de mi afición a desmontar juguetes y cualquier engendro electromecánico se convirtió en parte de mi oficio.

Corría el año 2000 cuando trabajaba como técnico de sistemas IT en una consultora. Formaba parte de un equipo con dedicación 24/7 y de manera regular, tenía turnos de noche con doce horas de absoluta soledad en un edificio de oficinas. Durante estas tandas maratonianas tenía tiempo de completar mi trabajo y dedicarme a indagar, experimentar y aprender por mí mismo lo que anteriormente nadie supo explicarme de manera comprensible. Retomé mis estudios universitarios (recordemos que anteriormente fui un fracaso escolar en su clara concepción), aprendí a programar páginas web, diseño gráfico, e incluso me inicié en la escritura de novela negra, algo que abandoné al cabo del tiempo, para no contradecir mis principios.

Por aquellos años (no fueron pocos) tenía un compañero de brigada que también calificaría de divergente. Cortado por un patrón semejante al mío, tocaba la batería de oído, aprendía japonés por sus propios medios y tenía el mismo sentido empático que yo. Recuerdo cómo empezó la conversación y sobre todo recuerdo el nombre de la asociación a la pertenece (aún hoy en día me sigue evocando a una empresa de paquetería): MENSA.[12]

Algo de simbiosis surgió entre ambos, y no paró de insistir hasta convencerme de que debía hacer las pruebas de acceso. Según afirmaba, yo no soy un normopensante (de nuevo ese apelativo sin ánimo de etiquetar a nadie) y le sorprendía que nunca antes lo hubiera percibido a lo largo de mi deshilachada y zurcida existencia. Tampoco lo sabía todo sobre mí. En ningún momento lo tomé en serio y lo cierto es que solicité hacer el test por mera curiosidad. El resultado de mi CI no dejó lugar a dudas: ciento y mucho en la escala de Cattell,[13] y el mucho se situaba muy a la derecha de esa campana de Gauss.

---

[12] MENSA es una asociación internacional de personas superdotadas, fundada en Inglaterra en 1946.

https://www.mensa.es/

[13] Raymond Bernard Cattell, psicólogo británico nacido en 1905, consideraba que las características humanas como la creatividad, el autoritarismo o las habilidades de liderazgo podrían predecirse a partir del análisis factorial de los rasgos fundamentales de la personalidad.

https://es.wikipedia.org/wiki/Raymond_Cattell

Lejos de sorprenderme, el resultado de ese test me dejó sensación de desconcierto y cierto sabor de un algo conocido. En un principio lo atribuí a mi práctica con los test en la preparación de oposiciones y aún hoy en día lo sigo pensando pese a que varios profesionales me aseguran que podría influir, pero no de una manera tan evidente.

No fue de inmediato, pero, pasado un tiempo, lo compartí con mi hermana, que, para mi sorpresa, tampoco se extrañó del resultado. Al poco tiempo lo acabé explicando a mis padres (divorciados desde años atrás), y poco menos que se rieron de mí. De nuevo alimentando al ogro de mis frustraciones.

Desde aquel entonces y hasta la fecha, lo he mantenido guardado en mi anecdotario particular no en riguroso secreto, pero muy muy pocas veces compartido con alguien. Incluso puedo afirmar que he llegado a sentir cierto pudor cuando he hecho mención a esta condición.

Hoy en día, soy miembro de MENSA desde hace más de veinte años, y, como no podía ser de otro modo para mí, jamás he participado en ninguna de sus actividades regulares, foros, encuentros o grupos de interés. El motivo es siempre el mismo: a pesar de ser otro divergente más, tampoco me identifico con este colectivo.

---

https://www.conaltascapacidades.com/ci/tabla-ci-cattell.htm

El impostor

Si la ignorancia es la oscuridad como el conocimiento es a la luz, saben hasta en Mozambique que yo la he buscado y aún persisto en esa cruzada desde que identifico mis achaques de "maestro liendre", ese que de nada sabe y de todo entiende. Este simpático apodo y otros de sus derivados me estigmatizaron en mis relaciones sociales más tempranas.

Ahora rozo el medio siglo de juventud, y las pautas de conducta se moderan por natura, pero años ha, cuando las hormonas preponderan y modulan nuestros comportamientos, he tenido que padecer la mofa y la befa de amigos y asimilados por el mero hecho de saber algo de casi todo. Puntualizo: no soy una enciclopedia, tampoco un resabidillo, pero tengo una especial habilidad para retener datos inútiles e información de esa que solo sirve para aderezar sobremesas y convertirte en el impertinente cuñado de manual. Esta más que cuestionable cualidad ha apuntalado aún más mi pasajera alienación social (va por temporadas) y aún hoy en día contribuye a acrecentar mi hastío relacional, ese que acaba por joder mis relaciones con quienes me rodean bien sea por aburrimiento, falta de estímulos o porque tengo una ha-

bilidad innata para sobreinterpretar los mensajes y generar trage-
dias griegas en el foro interno de mi psique.

Dejando a un lado la flema y los dardos ponzoñosos que adere-
zan mi conducta, he de reconocer que no todo en mi vida son
amarguras y problemas psicosociales. Por supuesto que disfruto
y hasta logro algunas victorias personales. Quienes me conocen
bien no dudan en aplaudir algunas de mis buenas cualidades,
incluso algún amigo se jacta más que yo de logros y éxitos que he
conseguido en el ámbito deportivo. Lo que a juicio de ellos y ellas
son virtudes, a mí me sofocan e incluso me llegan a incomodar;
reconozco que nunca he sabido encajar los méritos, ni mucho
menos los halagos.

He comentado que, en mis pesquisas por hallarme a mí mismo, he
topado con una buena variedad de profesionales que, malograda-
mente, ni han acertado en el método ni han conseguido siquiera
erosionar el precinto que me envuelve y me impide indagar en mi
interior. Entre estas indagaciones, he llegado a encontrarme con el
summum de la torpeza: me han llegado a preguntar directamente
y sin rodeos si me sentía un impostor. Vamos a ver, el objetivo era
el correcto, pero ni los medios ni el camino se pueden cualificar
de aceptables. A cualquier persona que se le pregunte algo así, a
portagayola, o no entenderá la pregunta, o sencillamente negará
cualquier implicación en el crimen. Sin embargo, la desmañada
pregunta buscaba un objetivo claro: ¿padeces el síndrome del impostor[14]? Más adelante responderé sin ambages.

Desde un plano totalmente objetivo, los indicios sobre mi condición son más que evidentes, pero continúo pensando que estoy

---

[14] Cuadro psicológico en el que el individuo es incapaz de evaluar de manera
objetiva sus propias habilidades y competencias, atribuyendo el resultado
a factores externos, como la suerte.

más cerca del simio que del sabio, que todo es un error de diagnóstico y no soy un genio, aunque tenerlo lo tengo, y muy malo.

Sin embargo, llevo unos cuantos años conviviendo conmigo mismo y algo me dice que, a pesar de ser un cascarrabias irascible y de mecha corta (efímera, más bien), algo en el zoco interno de mis sesos está construido de otra manera y responde de forma distinta a como lo hace en el 98 % de mis congéneres.

En pasajes anteriores ya he mencionado que me tropecé con una serendipia que ni buscaba ni esperaba; concreto y refresco: esa psicóloga joven que presta servicio en mi empresa y que me preguntó si alguna vez había hecho un test de inteligencia. El hecho de que una persona profesional y competente en su ámbito me lance esa pregunta al cuello a los diez minutos de conocerme cuando menos incita a pensar que tal vez deba empezar a tomarme en serio algunos indicios sobre mi manera de razonar.

Insisto: a pesar de los resultados objetivos de aquellos test que hice a los veintitantos, jamás en mi existencia he tenido este autoconcepto. Es más, mi escepticismo a asumir esta condición me ha llevado a descreer las evidencias comentadas y atribuirlas al fruto de la casualidad o al azar ocasional del que rellena una quiniela.

Por lo tanto, retomando la tosca pregunta a la que me he comprometido a responder: sí, padezco el síndrome del impostor, pero me consta que no es una rareza en mi situación.

El estigma de las expectativas

Mi condición es algo que no suelo compartir con nadie, y el principal motivo se responde por sí mismo: ¿qué voy a explicar?

No es, ni de lejos, un comienzo lógico de conversación y tampoco aporta nada dentro de una charla entre amigos si no es por aportar ese dato curioso que salpimienta la cháchara. No obstante, siempre he recelado de explicarlo. Como ya he comentado, durante todos estos años a muy pocas personas de mi entorno les he explicado nada al respecto (apenas media docena). Por supuesto, otrora ni siquiera se me ocurriría compartirlo con nadie a nivel laboral, salvo años ha con aquel compañero que me iluminó y me empujó a diagnosticarme.

Por desgracia, caemos en el cliché que define el concepto de superdotado (término al que tengo una especial tirria) y tendemos a dibujar estereotipos muy alejados de lo que en realidad supone esta característica. En cualquier caso, yo prefiero referirme a ello como divergencia, un término bastante neutro y, por supuesto, menos estigmatizante.

Cuando hablamos de altas capacidades (AACC) o superdotación, casi por simpatía nuestro lóbulo frontal tiende a recrear la figura de un Albert Einstein o de un Stephen Hawkins. En este contexto, la industria del cine ha desvirtuado la sustantividad de lo que en sí mismo conlleva; todos nos inclinamos a imaginar a un niño que compone sinfonías a los tres años de edad o un señor misántropo, fracaso total en las relaciones sociales, pero capaz de calcular quinientas cifras de pi (π) en ayunas. Todo esto aún puede ser peor si el receptor es consumidor habitual de cine para adultos; entonces el concepto de superdotación se mide en centímetros.

Sin embargo, desde un plano totalmente objetivo, según la OMS se considera que un sujeto posee altas capacidades cuando su cociente intelectual o CI es igual o superior a 130 en la escala de Stanford-Binet.[15] Entendemos que se trata de una característica innata en las personas y que no se puede ni entrenar ni adquirir con los años. A pesar de que esta medición es bastante fiable, resulta un tanto genérica y no distingue entre los diferentes tipos de inteligencia o capacidades específicas que se han teorizado y entendido en la historia más reciente de la psicología. Dicho esto, desinflemos el globo y dejemos a un lado las historias románticas del celuloide.

De nuevo sobre mis zapatos, pertenezco a la generación X, nacido en los setenta y configurado entre los ochenta y los noventa. Por aquel entonces, el desconocimiento social imperaba en lo relativo a las AACC, y vuelvo a referirme a los tópicos que antes comentaba, infundados por el cine y reafirmados por una sociedad poco acostumbrada a estas excepcionalidades. Estas eran las únicas referencias que nutrían a una ciudadanía poco acostumbrada a la diversidad.

---

[15] La escala de inteligencia Stanford-Binet es una prueba que mide la capacidad cognitiva y de inteligencia.

https://es.wikipedia.org/wiki/Escala_de_inteligencia_Stanford-Binet

La enseñanza era de todo menos adaptativa, y las diferentes reformas educativas de aquel último cuarto de siglo no ahondaron de manera tenaz en las atenciones que podía requerir un niño con AACC y en edad escolar. Esta afirmación, sin embargo, tiene matices, pues allá por 1970 se estableció la famosa **ley de la EGB**,[16] que reformó todo el sistema educativo vigente hasta entonces y estableció la educación obligatoria hasta los catorce años (la archiconocida Educación General Básica). Esta ley recogía la siguiente ironía en su artículo 49 sobre la educación especial:

> *Uno. La educación especial tendrá como finalidad preparar, mediante el tratamiento educativo adecuado, a todos los deficientes e inadaptados para una incorporación a la vida social, tan plena como sea posible en cada caso, según sus condiciones y resultado del sistema educativo; y a un sistema de trabajo en todos los casos posibles que les permita servirse a sí mismos y sentirse útiles a la sociedad.*

> *Dos. Se prestará una atención especial a los escolares superdotados para el debido desarrollo de sus aptitudes en beneficio de la sociedad y de sí mismos.*

Al margen de esas alusiones sobre «deficientes e inadaptados», inaceptables hoy en día, no hace falta ser jurista para darse cuenta de que aquel marco legal amalgamaba escolares con deficiencias y escolares superdotados en un mismo artículo. Entre líneas se puede desprender que estaba concebida para el grueso de la sociedad, para ese 98 % que dibuja una campana de Gauss con los extremos difusos y bastante descuidados.

---

[16] La Ley 14/1970, de 4 de agosto, General de Educación y Financiamiento de la Reforma Educativa.

Se sucedieron los años, cascó un dictador, imperó el destape y "la movida", aparecieron las Mama Chicho, La bola de cristal y murió Chanquete. Pasaron dos reformas más para que en 1990 apareciera la famosa **LOGSE**.[17] Curiosamente, en esta novísima y moderna ley educativa se omitieron los detalles que en anteriores reformas sí se recogían. De una manera rala y poco específica, esta ley recogía en su capítulo V, «De la educación especial», artículo 36, lo siguiente:

> *El sistema educativo dispondrá de los recursos necesarios para que los alumnos con necesidades educativas especiales, temporales o permanentes, puedan alcanzar dentro del mismo sistema los objetivos establecidos con carácter general para todos los alumnos.*

Bueno, además de esto incluía unos cuantos párrafos más en los que la referencia «necesidades educativas especiales» se repetía hasta en seis ocasiones, sin detallar de qué necesidades se hablaba ni por arriba ni por abajo. Nueva ley, nueva reforma, nuevas fotos, pero nada nuevo sobre el horizonte.

Durante aquella fracción temporal el que suscribe estas líneas hervía en su adolescencia, y en mi casa las referencias no eran distintas de las que ya he comentado: nunca compuse una sinfonía; por lo tanto, ni pensar en las AACC. Claramente, fui víctima del infra-diagnóstico que tanto mis padres como algunos de mis profesores e incluso una infame psicóloga[18] se atrevieron a postular. Se me consideró un claro fracaso escolar, y, bajo aquel prisma, ¿Quién iba a preocuparse por un alumno vago y disperso?

---

[17] LOGSE, Ley Orgánica 1/1990, de 3 de octubre, de Ordenación General del Sistema Educativo.
[18] Más adelante hablaré sobre esta licenciada y la gravedad de un diagnóstico erróneo.

De nuevo revisamos el marco legal. Tuvieron que pasar seis años más y algunas reformas sobre aquella pomposa ley para que, en la **Orden del 14 de febrero de 1996**[19] y la **Resolución de 29 de abril de 1996**,[20] se incluyesen las referencias a la «sobredotación intelectual» y se empezasen a dibujar las líneas maestras de lo que hoy en día conocemos como alumnos con altas capacidades.

Vuelvo a darme un garbeo en el *DeLorean* y me remonto de nuevo a mi adolescencia ferviente; recuerdo que los métodos educativos de ese país con ínfulas de vanguardismo se quedaban a medio camino, y, por muchas reformas que se postulasen, la enseñanza pública se desbordaba con aulas abarrotadas de alumnos y métodos sin cintura ni flexibilidad. Por supuesto, las altas capacidades se referían al aforo de las aulas, porque durante todo el BUP tuve que convivir entre seis clases por curso con casi cuarenta estudiantes cada una y ritmos a piñón fijo. Suerte tenías si te adaptabas.

En aquel tiempo tampoco era habitual que en la enseñanza se identificasen estas singularidades ni que el profesorado estuviera suficientemente cualificado tanto para detectarlas como para gestionarlas adecuadamente. Puedo imaginar que los docentes de aquella época no recibían una capacitación adecuada que les permitiera atender de manera correcta a alumnos con estas características. De hecho, y aunque tengamos una percepción de modernidad, la enseñanza de principios de los noventa (dos años

---

[19] Orden de 14 de febrero de 1996, sobre evaluación de los alumnos con necesidades educativas especiales que cursan las enseñanzas de régimen general establecidas en la Ley Orgánica 1/1990, de 3 de octubre, de Ordenación General del Sistema Educativo, publicada en el BOE, núm. 47, de 23 de febrero de 1996.

[20] Resolución de 29 de abril de 1996, de la Secretaría de Estado de Educación, por la que se determinan los procedimientos a seguir para orientar la respuesta educativa a los alumnos con necesidades educativas especiales asociadas a condiciones personales de sobredotación intelectual, publicada en el BOE, núm. 119, de 16 de mayo de 1996.

arriba y dos abajo), pretendía ser avanzada, pero ni era innovadora ni disruptiva, ni mucho menos adaptativa. Al menos no aprendíamos de memoria, como nuestros progenitores, pero la sombra de Paca la Culona[21] era muy alargada y la modernidad de este país se atascaba poniéndole hombreras a cualquier trapo.

Retrospectiva completada y de nuevo volvamos al siglo xxi. Digerido todo el periplo anterior y aún con el regusto amargo de no haber sido bien gestionado cuando era el momento de hacerlo, me sitúo en un presente un tanto ambiguo: ahora sé quién soy y cómo he llegado a serlo, pero no sé qué hacer con este trasto inútil.

Vuelvo a remitirme a los primeros párrafos, en los que afirmo que no acostumbro a compartir esta información con nadie, para lanzar una reflexión a alguien ficticio a quien le informan que Fulano o Mengano es superdotado. ¿Qué expectativas genera esta información en la mente del que la recibe? De nuevo son inevitables los tópicos cinematográficos y las odiosas comparaciones de incrédulos poco o nada documentados.

Aún hoy en día hay tanto desconocimiento que es mejor no explicar nada, so pena de hacer el ridículo. Tendemos al conformismo y validamos la mediocridad como resultado óptimo. Por lo tanto, mejor te callas, no revelas nada, tragas saliva y te comes tus problemas porque se supone que tienes tanto talento que no requieres ayuda de nadie.

En conclusión, hemos avanzado en muchos aspectos sociales y en nuestras habilidades interpersonales, aceptamos y respetamos la diversidad, abrazamos y reconocemos la singularidad de cada individuo y aceptamos las diferencias que nos distin-

---

[21] Según el historiador Leandro Álvarez Rey, sorprendentemente, la relación entre el dictador Franco y el teniente general Gonzalo Queipo de Llano era cualquier cosa menos agradable, y este último llamaba a Franco Paca la Culona.

guen. Sin embargo, un amplio grueso de nuestra sociedad aún dibuja un *X-Men* en su hemisferio derecho y esboza una leve sonrisa sarcástica cuando se entera de que el hijo de su vecina es superdotado.

Un completo imbécil

Mi yaya me decía que yo era un chico muy aplicado y muy inteligente, y esas afirmaciones, recuerdo, me estimulaban hasta tal punto que yo no era capaz de permitirme ni un mínimo desvío sobre aquel postulado. Aprendía sin apenas esfuerzo y mis calificaciones eran sobradamente altas. Siempre recordaré sus palabras con especial cariño, y sobre todo el refuerzo emocional que me suponían. Puedo, por tanto, constatar el poder motivacional que promueven los mensajes positivos durante la educación de un niño. Por aquel entonces, con unos menudos y poco sufridos ocho o diez añitos, yo me sentía capaz de superar cualquier reto por difícil que fuera.

Fue sobre los doce años, cuando mi yaya empezó a acusar un alzhéimer muy avanzado y acabó ingresada en una residencia a tiempo completo. Mi yaya dejó de estar a mi lado, y aquellas estimulantes afirmaciones poco a poco se iban diluyendo.

No fue ese el detonante, rotundamente no, pero en el colegio mi situación empezó a cambiar y aquella rectilínea impecable, con tendencia ascendente, se convirtió en una raya mal dibujada, a mano alzada y con un lápiz precario.

Cursaba yo sexto de EGB (sí, tengo una edad) cuando las cosas en mi vida y en mi mente se empezaron a retorcer y complicaron mi existencia. Recuerdo con especial inquina a una tutora que tuve por aquel entonces: Lourdes se llamaba y nunca conseguí conectar con esa mujer por más esfuerzo que yo aplicase. No era capaz de comprender qué narices esperaba de mí en clase y jamás conseguí adaptarme a su manera de ejercer la docencia. Su falta de empatía era exagerada; es más, creo firmemente que tenía ciertas limitaciones profesionales (y sobre todo humanas) que le impedían comprender que existen personas, niños, alumnos, con mentalidades distintas a las del rebaño estándar y totalmente desligadas de lo que su criterio podía gestionar.

Entre algunas experiencias de acre sabor, tengo un amargo recuerdo, de esos que jamás se olvidan, en concreto sobre un examen de Ciencias Sociales: errando por completo en cualquiera de mis intentos por adaptarme a lo que supuestamente era el método de enseñanza de esta señora, acabé por aprenderme de memoria algunos temas, incluyendo los puntos y las comas. Bien, de mi impecable redacción infirió que yo había copiado, que había utilizado alguna artimaña para sacar el libro burlando su rígida vigilancia y fui tan sumamente lerdo como para copiar hasta los signos de puntuación. Al día siguiente me obligó a repetir el examen sentado en su mesa, ridiculizándome delante de toda la clase y afirmando que desconocía mi sistema para *pispar* en el examen; pero sin escatimar en adjetivos para ponerme un vestido de escarnios. Suscribió sus amonestaciones, cómo no, invocando la terrible amenaza de aquellos tiempos: «Quiero hablar con tus padres». De nuevo, el que suscribe repitió el examen de excelsa manera, sin olvidar siquiera la distribución de los párrafos. ¿El resultado? Suspendido sin derecho a reclamar y entrevista moralizadora con mis progenitores para hacerles saber que su hijo era un vago, un copión y un deshecho social al que solo le faltaba babearse encima. No recuerdo muy bien todo lo que llegaron a hablar sobre mí, pero soy de la generación de los setenta y en esa época aún recibías bofetadas, zapatillazos y castigos sin sentido por el mero hecho de tener opinión. Bravo por aquella ilustrada «educadora».

Durante aquel fatídico curso mis padres, supongo que interpelados por aquella magnífica docente, llegaron a la conclusión de que el niño tenía un serio problema de «imbecilismo profundo» y me llevaron a una psicóloga infantil que, tras hacerme dibujar una casa, a mis padres y alguna que otra soplapollez, me diagnosticó TDAH. Una colosal ovación a esa eminente psicoanalista por tan formidable diagnóstico. Cabe concretar que mis padres se encargaron de traducir semejante aberración para que un niño como yo, supuestamente imbécil, lo entendiera; emplearon una alegoría análoga a la "abejita que se posa sobre una flor".

Con los años y, como ha sido la tónica en mi vida, sin ayuda de ningún tipo, entendí que aquel símil se refería a un trastorno mental que afecta a la conducta de quien lo padece. Curiosa y absurdamente, a pesar del perverso disparate de aquella licenciada, no recuerdo haber recibido tratamiento alguno ni seguimiento o gestión de aquel cuadro.

Pero dejemos a un lado mi diagnóstico cínico (sí, he dicho cínico) y retomemos la crónica de mi entorno.

Pasó el tiempo y la demencia se apoderó de mi yaya. Continuaba en aquella residencia, pero ya no me reconocía, ni a mí ni a nadie, y yo evitaba visitarla para no hacerme aún más daño. Murió cuando yo apenas llegaba a los catorce años, y con ella voló su optimista visión sobre mí y sus palabras de motivación se desleyeron por completo. Y a partir de ahí otras voces empezaron a retumbar en mi cabeza, otras voces que me trataban de imbécil y muy especialmente de loco. Especial agradecimiento a mi progenitor, porque con esos halagos yo fui creciendo, asumiendo que efectivamente era medio imbécil, muy limitado, y seguramente estaba loco.

Recuerdo la especial torpeza con la que mis padres me comparaban compulsivamente con cualquier ejemplo que tuvieran a mano, y nunca nunca era yo el ejemplo a seguir en aquellas comparativas. Algo que me tatuó el subconsciente fueron las incontables veces que, en el foro familiar, se deshacían en elogios a un vecino mío, alumno ejemplar de un colegio de curas, con unas calificaciones supraexcelentes; al tiempo que hilaban su fascinación por aquel niño, rubricaban su admiración con algún comentario afilado hacia mi desempeño escolar. Quiero suponer que su intención era la de provocarme o estimularme, pero la realidad es que me frustraban sobremanera.

Fueron años que no recuerdo con especial cariño; más bien, con una tensión constante y una densa niebla, producto del tabaquismo de mis progenitores. Cuán preciosa debería ser la estampa que esa etapa grabó en mi psique que, aún hoy en día, recuerdo con total detalle hasta el sabor de la angustia al abrir la puerta de casa, entre aquel *smog*, las sobrias caras de mis padres por alguna de sus habituales discusiones y la intensa luz que emanaba un foco halógeno (era "lo más" en los ochenta). Yo trataba de escurrirme hacia mi habitación como una anguila de secano, intentando pasar desapercibido y con la irremediable sensación de ser culpable de algo, no sabía de qué, pero de algo.

Como he explicado, no evoco esa etapa de mi vida con demasiado cariño, y, salvo muy puntuales excepciones y momentos que podrían sonsacarme alguna mueca (sin precisar cuál), toda mi adolescencia, desde la pre- hasta la post-, tiene un matiz muy acentuado por una sensación que ya considero hasta mi vieja amiga: la ansiedad.

Mención especial merecerían esos capítulos en los que, por alguna perniciosa situación en el ambiente doméstico, una bronca que ni buscaba ni lograba entender, o cualquier excusa para provocarme, el debate acababa con valoraciones sin ningún criterio, al estilo «eres más raro que un perro verde», «eres muy maniático», o una de las más más demoledoras: «Tú no estás bien de la cabeza». Estas y otras lindezas aún me acompañan hoy en día, cuando estoy rozando el medio siglo de edad y, aunque ya son escasas las veces que he tenido que soportar estos juicios de cuestionable valor, no, no estoy exento de dolor, no soy capaz de pasar por encima. Cualquiera que lea esto puede pensar que tampoco le gustaría que le tratasen de este modo, y mucho menos en el seno familiar. Pues bien, a quien lo vea de este modo le puedo responder que compartimos afección, pero no sintomatología. Este tipo de afrentas me han herido como una saeta por debajo del esternón y me han hundido tanto que, aun cuando he apartado de mi vida a quien los emitía, han pasado los años y supuestamente he enterrado esos dictámenes, siguen teniendo la facultad de hervirme la sangre. De nuevo esa cuestionable sensibilidad exacerbada me tatúa todo el raciocinio y genera cicatrices menos visibles que las físicas, pero mucho más dolorosas.

Volviendo a mi juventud temprana, revolcándome en aquellos lodos pasé mis años hasta que me independicé rondando los veintitrés, mes arriba, mes abajo. Emocionalmente, aún no estaba liberado de esas cadenas, y, como ya he dicho, aún hoy en día no lo estoy por completo, pero poco a poco fui adquiriendo cierta holgura emocional y mental. Fue entonces a los veintiséis años clavados cuando aquella serendipia provocada por alguien tan divergente como yo, me hizo descubrir que yo no estaba loco, que no era imbécil, y desvelé al verdadero imbécil en mi vida, con los mismos genes que yo y dinamitando mi condición desde que tengo uso de razón. Hasta en las mejores familias, la angustia se esconde detrás de las puertas cerradas.

Bendita soledad

Para la mayoría de personas esto ya es un oxímoron en sí mismo y presenta incoherencias *per se.* Sin embargo, para mí implica una necesidad vital.

Seré muy breve en este capítulo, pero voy a explicarme al revés, para no perder mis usuales costumbres. *Soledad,* como sustantivo aislado, sin contexto y sin condicionante, podría evocar un sentimiento gris, triste, desapegado e incluso depresivo. Mi percepción está, sin embargo, en las antípodas de esa descripción: no me siento solo ni sufro la sensación de no tener a nadie a mi alrededor. La soledad es un concepto muy taxativo y en la inmensa mayoría de acepciones no evoca ni alegría ni sosiego. Es cierto que, para su materialización, requiere estar solo, pero el condicionante emocional es muy distinto en función de quién lo requiere y cuándo lo requiere.

¿Qué sucede cuando necesitamos algo con apremio, nos urge o lo ansiamos con mucho anhelo? Pues que lo convertimos en un imperativo. Bajo mi concepción, buscar la soledad es mi imperativo por decisión propia, que necesito satisfacer de vez en cuando (o muy a menudo, para ser sincero) si quiero preservar mi salud y estabilidad mental. Según la RAE, el término *imperativo* refiere un deber o exigencia inexcusables; es decir, algo así como un mandato o una obligación. Bueno, relativicemos para con este contexto que nos ocupa porque, para mi percepción, este imperativo no es una exigencia o una obligación; es más bien un deseo.

En no pocas ocasiones he argumentado que soy soltero por decisión propia, porque, como he comentado anteriormente, mi capacidad de cultivar un compromiso relacional sólido es muy escasa. Vamos, que ni resiliencia ni niño muerto, que no he sido capaz de adaptarme a tener una relación sentimental por más de un par de años escasos. Eso me ha conferido una especial habilidad para expandir mi espacio vital hasta límites poco explorados. A este clavo me suelo agarrar para justificar que mi soledad es un bien casi divino, necesario y bien cuidado, porque, de no hacerlo, por algún lado acabaría reventando. Lo sé, me convertiré en un vejete gruñón y solitario, pero al menos encuentro mucha satisfacción en mi coherencia, y tampoco es algo que me asuste o me inquiete.

En este mismo plano, pero en otra perspectiva, cabe resaltar que llevo años viajando en solitario siempre que puedo y a lugares bastante recónditos, desde perderme por el delta del Mekong hasta recorrer Italia en moto o adentrarme en territorio cisjordano. Pero generalmente lo hago solo y es algo que disfruto mucho. También habitúo a hacer deporte sin compañía, por aquello de entrenar a mi mente para que no haga ruido cuando no le toca y acostumbrarme a las largas tiradas del triatlón, cómo no, también en solitario.

Llegado a este punto de argumentaciones, justificaciones y subterfugios, es fácil entender la otra parte que conforma este mi oxímoron, *bendita soledad*.

Ahora bien, lo que todavía no tengo muy claro es si soy solitario por mi propia naturaleza, porque soy así, como a cualquier otra persona le puede gustar la tortilla de patatas con cebolla; porque mi mente divergente necesita esos momentos de expansión por su natura propia, o porque, a fuerza de domar mi mente (por cuestiones de fuerza mayor), me he acabado convirtiendo al credo del solitarismo. Duda razonable para la que aún no encuentro respuesta.

Pero retornando sobre mis pasos, voy a remontarme a mi adolescencia tardía o mi adultez temprana, rondando los veinte años. Por aquel entonces Internet funcionaba con arcaicos módems a velocidades soporíferas y los teléfonos móviles eran una *rara avis* solo al alcance de pudientes y muy pudientes. Por descontado, no existían las redes sociales, y mucho menos la cantidad de trastornos de conducta que, implícitamente, conllevan la hiperconexión que padecemos hoy en día. En resumen, no sabíamos lo que otras personas estaban haciendo en cada momento y tampoco nos preocupaba demasiado. Sin embargo, el que aquí suscribe tenía serios problemas para encontrar un hueco en el tejido social y no eran pocos los fines de semana que entraba en una angustia severa cuando no tenía a nadie con quien hacer planes. Sentía que la vida se me escurría entre las manos y que perdía mi juventud sin nada socialmente útil que hacer. Creo que descubrí el FOMO[22] antes de que se diagnosticase de manera extendida.

Tengo que aclarar que no soy un individuo aislado de la sociedad. Por favor, no se me vaya a confundir con un ermitaño de barba espesa. No obstante, en mi vida he tenido etapas de mucha actividad social y otras tantas más depurativas, en las que, bien por azares, o bien por intenciones, me he mantenido un tanto más retirado de la ecúmene. Creo que estos ciclos de menor actividad

---

[22] FOMO (del inglés *fear of missing out*, o 'temor a perderse algo') es una patología psicológica descrita como una aprensión generalizada de que otros podrían estar teniendo experiencias gratificantes de las cuales uno está ausente.

social son y suelen ser los más predominantes. En cualquier caso, estoy seguro de no ser un ejemplar insólito y misterioso.

Tratando de compilar y dar algo de sentido a estas divagaciones, si miro mi vida en perspectiva, soy capaz de trazar una línea bastante regular en lo que a mi relación con la sociedad se refiere. Nunca he sido persona de grandes grupos o colectivos.

Desde niño, como he comentado, he tenido mayor tendencia a relacionarme en *petit comité*, con uno o dos amigos, en actividades y con intereses menos grupales y comunes entre los niños de mi edad. En el colegio recuerdo haber sufrido bastante, e incluso sí, afirmo haber sido víctima de lo que hoy conocemos como *bullying* y por aquel entonces se denominaba *cosas de críos*. Fruto de aquellos desencuentros y de una desafortunada patada en uno de aquellos juegos de críos, hoy en día tengo una curiosa deformación en la novena costilla izquierda. En otra ocasión, por motivos que ni recuerdo, acabé sin pantalones en el patio del colegio; no me los bajé yo, me los quitaron a la fuerza entre unos cuantos niños. Yo vivía justo en la acera de enfrente y subí a casa con una cara que debía explicarlo todo sin palabras, porque mi madre, en un errático intento de salvaguardar mi honor, bajó *ipso facto* a abroncar a los niños que encontró por allí, y de paso a abochornarme colateralmente. Venga, por si quedarme con el culo al aire no había sido suficiente burla...

Más adelante, hacia mi adolescencia, recuerdo que ansiaba ser parte de alguna pandilla, hasta el punto de intentar integrarme en grupúsculos que ni me aceptaban ni me aportaban nada bueno. Aquellos absurdos tanteos no hacían sino torturarme emocionalmente, y no es necesario que explique el porqué.

Desde aquel entonces y sin saber precisar muy bien en qué momento, durante toda mi vida y hasta hoy en día, he tendido a relacionarme con personas algo mayores que yo. Cierto es que he pasado por varios estadios y diversos entornos, pero, en general, he establecido mejores y más enriquecedoras relaciones con personas que me sacan más de cuatro, cinco o incluso diez años.

Hoy en día las canas me otorgan cierta venia para poder opinar con algo de criterio, y, si bien afirmo que este trayecto no ha discurrido por un camino asfaltado, los socavones y las grietas me han hecho acostumbrarme a los baches, y en el momento presente puedo asegurar que el FOMO me la trae un poco al pairo, solo un poco.

Superhiperarchi requetemucho

¿De qué color es el jueves? Verde, sin duda alguna. ¿Y el sábado? Rojo bermellón muy intenso. ¿Y el mes de octubre? Es de color marrón oscuro y tiene tacto de tela de pana.

¿Y desde cuándo todo esto es así? Para mí, desde que tengo uso de razón.

Nunca he sido muy consciente de que establezco este tipo de relaciones, pero lo cierto es que en mi mente se dibujan formas, colores, texturas e incluso sabores con determinados conceptos. Ha sido recientemente cuando en la lectura de un libro sobre psicología apareció la pregunta «¿De qué color es el martes?», y, como un acto reflejo, mi respuesta sonó en voz alta: «¡Beis!». Sí, fue una respuesta simpática, en voz alta, leyendo en mi sofá, a solas, y luego me reí. Esta cualidad asociativa entre una sensación subjetiva que viene determinada por otra sensación que afecta a un sentido diferente se conoce como *sinestesia*.

Según Wikipedia, se define como «una variación no patológica de la percepción humana. Las personas sinestésicas experimentan de forma automática e involuntaria la activación de una vía sensorial o cognitiva adicional en respuesta a estímulos concretos». Aunque no conviene creerse todo lo que aparece en Wikipedia, tras contrastar diversas fuentes, incluida la mía propia, considero que esta definición es muy correcta, concreta y concisa.

En palabras más sencillas, la sinestesia es una combinación de sensaciones que provienen de sentidos distintos, unidos y asimilados en un mismo acto de percepción. Buscando bibliografía al respecto, he llegado a encontrar fuentes que la tratan como una anomalía o incluso una enfermedad (¡menuda barbaridad!). En general, se describe como una variación no patológica. Es decir, si no es patológica, ya no es una enfermedad y solo se trata de una cualidad que ni es buena ni es mala; es solo una particularidad.

Haciendo un análisis retrospectivo, podría identificar algún vínculo en mi vida entre conceptos dispares, como días y colores; seguramente, siendo niño, algún calendario escolar podría estar decorado con colores, y de ahí mi nexo mental cuarenta años después. Pero ¿qué pasa con el resto de sentidos? ¿Quién dijo que la satisfacción tiene sabor umami[23]?

Volviendo de nuevo a mis taras y lacras mentales, cabe destacar otra maravillosa propiedad a la que, en anteriores párrafos, he hecho referencia y que también tiene nombre. Recordará quien lea estos efluvios emocionales que mis alertas saltaron cuando empecé a ser consciente de esas pequeñas hecatombes emocionales como producto de cualquier afección que pueda sufrir, desde una efusiva ira hasta un nudo en la garganta viendo un vídeo de cachorritos. De igual modo, también he comentado que, aunque

---

[23]   El término *umami*, de origen japonés, significa 'sabroso' y constituye uno de los sabores básicos junto con el dulce, ácido, amargo y salado. Este vocablo proviene de la combinación de los términos *umai* ('delicioso') y *mi* ('sabor').

por fuera pueda mantener el ceño más fruncido que un *shar pei*, las pequeñas afrentas me hieren como lanzas, en especial burlas, mofas o desprecios. Aun así, no siempre me resulta factible mantener la compostura y en ocasiones, más de las que debería, replico con poca mesura, aunque a veces me encojo moralmente como un herido de bala. Creo que esto puede ser debido al poso que me quedó de mi infancia, cuando era bastante habitual que recibiera constantes afrentas por casi cualquier comentario que hiciera (evitaré detallar de nuevo el origen de estas).

No hace falta un análisis muy profundo para apreciar que, tanto por arriba como por abajo, tengo una especial tendencia a amplificar la percepción de mis sentimientos y, en general, casi todo lo que percibo por alguno de mis sentidos. Esta otra amiga mía se llama *hiperestesia*.

En síntesis y de manera muy simplista, la hiperestesia es una amplificación en la intensidad de todos los sentidos. La psicoterapeuta Christel Petitcollin, en su libro *Pienso demasiado,* lo explica de la siguiente manera: «Si piensas demasiado, la primera característica de tu cerebro es la hiperestesia. Ese es el término científico para describir el hecho de tener los cinco sentidos dotados de una agudeza excepcional. También es un estado de vigilia, de vigilancia, incluso de alerta permanente». En ese mismo libro, la autora también hace referencia a distintos tipos de hiperestesia, como la visual, la auditiva, la kinestésica, la olfativa o incluso la gustativa. En mi caso particular, reconozco que los ambientes con colores estridentes, luces intensas o cargados de adornos me provocan un estrés visual muy muy notable. No en vano, mi casa está decorada en colores suaves, con una cromática marrón, y con fotografías de mi propia cosecha, siempre en blanco y negro. Paz visual.

Vale, y ahora, tras los titulares sensacionalistas, llegan las puntualizaciones y la letra pequeña. Desinflemos el suflé, llamemos a las cosas por su nombre, y, si hay un psicólogo en la sala, que bautice de nuevo al engendro. La realidad de estas injerencias de mi percepción emocional constituye más una sobreintensificación; es decir, celebro mucho los aciertos y me hunden en exceso los errores. Eso sí, trato de que solo sea en mi foro interno y sin que se vea nada o casi nada desde fuera, que aún tengo pudores.

Sigamos hablando de hipersensibilidades. Como he explicado anteriormente, tengo una alta sensibilidad para percibir cualquier sutileza en el lenguaje corporal de quien me habla, pero, de igual modo, también tengo una alta reactividad emocional cuando proceso esta información, sobre todo cuando la acción o comunicación me impacta directamente. Esto resulta especialmente complicado de gestionar cuando, en el entorno social, toca lidiar con gentes de cien mil rarezas, bromistas *malvenidos* o sencillamente personas con una actitud más negativa que la carga de un electrón. Tal vez no sean los comentarios, guasas o impertinencias que puedan escupir; lo que más inflama mi aura muy probablemente sean los paños calientes de tus afines, que, bienintencionados, aunque torpes, no ayudan en absoluto. Esos edulcorantes del oído, tipo «bah, no le des importancia», «seguro que no te lo ha dicho con mala intención» o el enervante «tienes la piel muy fina», me ponen la vena yugular como el brazo de un pelotari. Cuántas y cuántas veces habré tenido que escuchar estos estándares balsámicos de aquellos que van de cohesionadores por la vida... Creo que cualquier persona con la misma sensibilidad emocional que yo recibe este tipo de comentarios con la misma fricción que la afrenta anterior.

Atendiendo a todo lo comentado en estas líneas, es fácil intuir el tremendo desgaste emocional que conlleva esta curiosa extravagancia basada en la amplificación de los sentidos. Pues quien así lo entienda no se equivoca. Muy habitualmente acabo agotado por culpa de esta sobreestimulación, y saben hasta en el Serengueti la cantidad de veces que he deseado no percibir tanta información y poder desconectar mi cabeza de vez en cuando.

Más adelante entraré en el detalle de estos conceptos y otros más que también pueden estar relacionados con las mentes divergentes y que, por lo general, se confunden con otro tipo de características o rasgos de personalidad.

He comenzado este capítulo haciendo referencia a singularidades de las que tengo constancia desde que tengo recuerdos, pero a las que nunca antes había puesto nombre, motivo y ni siquiera suficiente atención como para identificarlas. Algunos especialistas en la materia apuntan a que estas, y otras más que en otro momento comentaré, suelen ser bastante propias de las personas con AACC, o, como prefiero yo apuntar, mentalidades divergentes.

En realidad, las AACC se podrían resumir como una combinación de habilidades o talentos intelectuales, emocionales e incluso sensoriales. Como he comentado en puntos anteriores, estas aptitudes son innatas y se pueden identificar en distintas áreas de desempeño, según propone la teoría de las inteligencias múltiples,[24] en la que prefiero no entrar en detalle, so pena de abrir un nuevo melón de sabor muy sofisticado y complejo.

Sin embargo, existen muchos mitos y demasiado cuñadismo cuando se habla de AACC. El término *superdotado*, al que le tengo una especial tirria, está cada vez más en desuso y genera siempre mucha controversia dentro del ámbito de la psiquiatría. De igual modo, los prefijos prefijos *super-*, *hiper-*, y demás partículas lingüísticas que se emplean en la jerga de la psiquiatría y

---

[24] La teoría de las inteligencias múltiples es un modelo de entendimiento de la mente elaborado por Howard Gardner y publicado en 1983, mediante el que se desarrolló la hipótesis de la existencia de ocho tipos distintos de inteligencia: lingüística-verbal, lógico-matemática, visual-espacial, musical-auditiva, corporal-kinestésica, interpersonal, intrapersonal y naturalista.

la neurología dibujan frecuentemente una imagen muy distorsionada de lo que en realidad significan las AACC. En general, la mayoría de las ideas preconcebidas en este ámbito tienden a generar unas expectativas demasiado altas, cuasifantásticas, que no hacen otra cosa más que estigmatizar, a continuación frustrar y finalmente te hacen sentir como un individuo rarito.

A modo de corolario, estas y otras características son muy frecuentes en personas con AACC, pero ni todas se identifican siempre, ni todas las mentes divergentes las desarrollan, ni algunas de estas perduran durante toda la vida de la persona.

Por cierto, ¿a qué sabe la ansiedad? A hierro.

En cinemascope

Aunque asumo que cualquier lector conocerá de sobra el concepto *cinemascope*, no está de más aportar una breve notación: inventado por los estudios Fox allá por los años 50 del siglo pasado, se trata de un sistema de grabación cinematográfica que empleaba unas lentes especiales que permitían captar mucho más campo de visión que una cámara convencional de la época, ampliando el rango visual de la proyección en mucho más del doble.

Como ya he comentado, soy un *viejoven*, tal vez más viejo que joven, pero, aunque la infancia y la adolescencia me quedan un poco lejos en el plano temporal, algunos recuerdos son tan vívidos y frescos que podría detallar incluso frases completas y expresiones que han marcado algunos momentos de mi vida. Por este motivo, ahora que puedo ver mi vida con la perspectiva del cinemascope (aquí venía la cuña inicial), me puedo permitir el privilegio de dibujar un plano secuencia[25] y establecer una relación, más o menos lógica, entre lo vivido, lo sentido y una expli-

---

[25] Un *plano secuencia*, en cinematografía, consiste en un único plano que abarca una secuencia completa, sin cortes ni montajes de varios planos, pudiendo incluir movimientos de cámara, cambios de localizaciones, panorámicas o perspectivas; pero siempre unidos en una misma secuen-

cación racional de todo ello. Que nadie se preocupe en exceso; yo utilizaré puntos, comas y otros tantos signos de puntuación. No nos vayamos a asfixiar.

Si me remonto a mi niñez, entendiendo por ello el periodo escolar, puedo establecer dos etapas bastante definidas: la primera iría desde que me llegan los recuerdos hasta los once años y la segunda se entrelazaría con mi adolescencia temprana, allá por los catorce años.

Viajemos a la primera etapa de mi niñez. Por aquellos lustros recuerdo tener una mente muy brillante y una curiosidad de voraz apetito. Aquella constante necesidad de conocer, investigar, experimentar y aprender no parecía tener límites. Fruto de ello han sido la cantidad de juguetes que llegué a desmontar, montar, arreglar y, en no pocas ocasiones, transformar para obtener cualquier otro artefacto distinto. En alguna ocasión, otros efectos no considerables como juguetes también cayeron en mis manos, sufriendo la misma suerte, y, por supuesto, luego llegaban las reprimendas, broncas y alguna que otra zurra. Eran otros tiempos. Algunos de los utensilios más preciados y que mejor recuerdo de aquella época fueron unos alicates rojos y un destornillador de color verde que mi padre desechó porque se había despuntado; para mí era una maravilla porque me permitía desenroscar tornillos planos y de estrella. Era ver un cachivache con tapas y tornillos, y en mi mente se virtualizaba todo el mecanismo interior…, hasta que acababa practicándole una autopsia.

Como a cualquier niño, me encantaban los juguetes, pero me solía cansar pronto, y tampoco recuerdo haber tenido muchos. Supongo que la escasez de recursos y mi afición a desmontarlos disuadían a mis padres de malgastar el dinero. Sin embargo, jamás me movía un sentimiento de rebeldía o un instinto destructivo; al

---

cia, como toda esta frase. Un ejemplo interesante es la película *Birdman* (2014), rodada en un único plano secuencia.

contrario: saciaba mi necesidad de explorar y comprender cómo narices funcionaban por dentro aquellas cosas.

En el ámbito escolar, recuerdo que no necesitaba estudiar para obtener unas calificaciones sobresalientes; es más, ya he comentado que aprendí a escribir en mi casa con muy pocos años.

Durante esa etapa de mi vida no destaco grandes distinciones de lo que a un niño normal se le puede atribuir, salvo mi voraz curiosidad por el funcionamiento del mundo y mi incipiente eidetismo (vamos a dejarlo en desarrollo cognitivo peculiar).

Pasando a la siguiente etapa de mi vida, a partir de los doce años, empezó la montaña rusa a coger incrcia. De repente, las buenas calificaciones se tornaron en suspensos, mi aburrimiento en el colegio era alarmante y mis anécdotas con aquella profesora cuestionablemente cualificada marcaron esa etapa a fuego. Mención aparte la del desacertado diagnóstico psicológico que confundió las AACC con TDAH. Durante este periplo mi vida educativa giró por completo y, con la etiqueta impuesta de «tonto a las tres», engrosé la lista de los fracasos escolares.

Recorrida someramente mi niñez en sus dos etapas, llegamos a mi adolescencia tardía o mi juventud temprana, y, sin ahondar de nuevo en detalles y pasajes ya comentados anteriormente, mi lectura sobre ese capítulo de mi vida es muy simplista: lo que sé sobre mí hoy en día se evidenció en aquel entonces, pero ni mi familia ni mis educadores ni nadie a mi alrededor supo advertirlo. Fruto de todo ese batiburrillo de erratas y desaciertos, toda mi adolescencia quedó teñida por la aceptación de mi mediocridad, afirmada por mis padres, confirmada por mis profesores y rubricada por mi entorno social. Sin duda, ha sido la etapa de mi vida más angustiosa, y, como ya he mencionado anteriormente, si tuviera que describirla con una única palabra, sería muy conciso. ¿Alguien la recuerda?[26] Yo prefiero no evocarla.

Durante ese ciclo confirmé y reafirmé que mi cabeza no funcionaba del mismo modo que la del resto de personas de mi entorno. Aprendí a tocar varios instrumentos sin acudir a clases, gané un certamen de programación en COBOL[27] y descubrí lo que es pasar noches enteras con dos amigos filosofando sobre el sentido de la vida y otros temas muy impropios para un chaval de esas edades. Sin embargo y pese a todas aquellas evidencias de un algo que aún no tenía nombre, el estigma de ser un total inútil sin ningún talento ensordecía cualquier atisbo de genialidad que pudiera sobresalir. El incipiente síndrome del impostor.

Me independicé a los veintitrés años, muy a pesar de las expectativas de mi padre y otras amenazas que no vienen al caso, pero que acabaron por determinar que se trataba del inicio de mi propia vida, esta vez de verdad.

Siendo plenamente consciente de mi divergencia cognitiva, por aquel entonces jamás se me ocurrió pensar que realmente no se trataba de un problema, sino más bien una virtud, según las voces expertas, y además constatable. Sin embargo, la sombra del ciprés es alargada y la losa impuesta por todo mi contexto relacional arrasaba y devastaba cualquier posible indicio de virtuosismo. En mi cabeza resonaban voces que me repetían constantemente lo inútil que era, y se tornaron tan intensas que, en efecto, llegué a aceptar mi propia estulticia.

Retomé los estudios universitarios sin demasiadas esperanzas, asumiendo que pertenecía a alguna clase de personas que llegan

---

[26] Ansiedad.

[27] Lenguaje de programación de origen militar en los EUA en 1959, especialmente dedicado a los sistemas comerciales, financieros y administrativos de grandes corporaciones y Gobiernos. Aun con más de sesenta años de antigüedad, hoy en día se sigue utilizando.

tarde a todo porque tienen ciertas limitaciones. Los constantes episodios de inoperancia aceptada por fuerza interior, algún fracaso y algún éxito fortuito convirtieron aquel periplo en un continuo ir y venir, dejar y volver, abandonar y retomar. En resumen, aquello fue el fruto de una incapacidad asumida a fuerza de ensordecer la voz de mis instintos.

Fue en aquella etapa cuando identifiqué el origen de todos mis desajustes. En ese episodio en el que, como ya he comentado en líneas anteriores, descubrí que mi mente era, efectivamente, divergente, distinta, y operaba de manera errónea y errática por culpa de la ignorancia acumulada durante años. Pero no olvidemos que el señor impostor se escondía en los rincones más oscuros de mi psique y, aun cuando mi vida no debía estar teñida por influencias familiares o de cualquier otra índole, el eco de las voces en mi cabeza se amplificaba atribuyendo ese diagnóstico a la casualidad. Esos ecos aún retumban hoy en día, aunque con menor resonancia y casi siempre, con la veteranía de la edad, empiezo a ser capaz de acallarlos.

Haciendo una breve síntesis de todo este tostón biográfico, hoy soy como soy y me acepto sin condiciones; he hecho las paces con mi pasado y asumo las propiedades que me definen. No puedo negar que mi vida, lejos de ser una constante, ha estado y está plagada de altibajos, y que el señor impostor, junto a su banda de síndromes y taras variadas, me asedian constantemente. Sin embargo, y con la venia que me otorgan mis canas, afirmo que es posible ser divergente y tener una vida normal, aun no habiéndolo aprovechado cuando era el momento oportuno, y vivir siempre bajo una imperecedera pregunta: ¿qué habría sido de mí si alguien con autoridad hubiera detectado estas cualidades cuando yo era un niño?

Cultura para cuñados

Cuántas veces habremos escuchado al listo de turno hablar con vehemencia y firmeza sobre un tema del que ha leído un tuit en X o ha visto un *reel* en Instagram... Antaño me provocaban rabia; hoy en día, risa y, espero que en breve, indiferencia.

No quiero apuntar a los cuñados porque el mío me saca un palmo y prefiero no mosquearlo, pero, en general, y para cualquiera a quien le pueda generar curiosidad, creo interesante hacer una breve reseña sobre los conceptos tratados en este libro, que, de uno u otro modo, contribuyen a entender mejor cómo funciona una mentalidad divergente. Obviaré referencias a la hiperestesia o la sinestesia, comentadas y descritas anteriormente; no obstante, existen otra serie de características, algunas patológicas, muy vinculadas a las AACC y en ocasiones confundidas o malinterpretadas.

Aviso a navegantes: No soy psicólogo, psiquiatra ni neurólogo. Todas las descripciones y especificaciones contenidas en este capítulo constituyen una recopilación de información de varias fuentes distintas con afán meramente divulgativo.

Aspérger

La Confederación Aspérger España, en su página web, describe este síndrome como «trastorno del desarrollo que conlleva una alteración neurobiológicamente determinada en el procesamiento de la información. Las personas aspérger tienen un aspecto e inteligencia normal y a veces, superior a la media. Presentan un estilo cognitivo particular y frecuentemente, habilidades especiales en áreas restringidas». Interpretando esta descripción de modo más simple, se podría entender como una preocupación no usual y obsesiva por un tema en particular, pudiendo llegar a excluir otros temas, intereses o actividades.

En niños con AACC, no se debe interpretar una fascinación o motivación excepcional por un tema o actividad con las pautas de manifestación del aspérger.

Eidetismo

De una manera lacónica, aunque poco precisa, el eidetismo vendría a ser la memoria fotográfica. La RAE recoge una explicación algo más detallada: «Capacidad de ciertas personas, por lo general niños y artistas plásticos, para reproducir mentalmente con gran exactitud percepciones visuales anteriores». En el contexto de las AACC, podríamos calificar el eidetismo como una especie de aumento cualitativo o una intensidad muy aguda en la atención y memorización de la percepción visual (creo que la RAE ya lo explica bien). Generalmente, esta cualidad no perdura hasta la edad adulta, salvo en algunas excepciones muy minoritarias.

Empatía

El más común de los conceptos, pero solo en cuanto a su definición, porque en el mundo real la empatía escasea. En una definición muy somera, entendemos por empatía la capacidad que tiene una persona para identificarse o experimentar las cosas desde la perspectiva de otra persona. En síntesis, ponerse en el lugar del prójimo. Aunque es un rasgo bastante común en las personas con AACC, no es una cualidad exclusiva de las mentes divergentes, y sería muy deseable que estuviera mucho más extendida entre cualquier persona.

PAS

Acrónimo de personas altamente sensibles. Para la psicóloga Elaine Aron, pionera en el estudio de la SPS *(sensory processing sensitivity)*, las personas con alta sensibilidad reúnen íntegramente cuatro características conocidas como DOES, acrónimo en inglés de *depth of processing, overstimulation, emotional responsivity/empathy and sensitive to subtleties*. En castellano, sería profundidad de procesamiento, sobreestimulación, empatía y capacidad de respuesta emocional y sensibilidad hacia las sutilezas. La doctora Aron sostiene que entorno al 20 % de la población presenta este rasgo. De nuevo, cabe destacar que no todas las personas con AACC son altamente sensibles o PAS.

Síndrome del impostor

Identificado y bautizado en 1978 por las psicólogas Pauline Clance y Suzanne Imes,[28] no se trata de una enfermedad mental reconocida como tal; no obstante, una persona que padece este síndrome será incapaz de asumir que es inteligente, competente

---

[28] Pauline Rose Clance y Suzanne Ament Imes, autoras del *paper* «The Impostor Phenomenon Among High Achieving Women: Dynamics and Therapeutic Intervention».

https://www.paulineroseclance.com/pdf/ip_high_achieving_women.pdf

o creativa, a pesar de que existan evidencias que demuestren un alto rendimiento o capacidades.

Se ha llegado a teorizar con un posible origen de este síndrome en las dinámicas familiares del individuo durante la infancia, en especial en las comparativas entre hermanos u otros familiares, y otras fuentes como la presión ejercida por los padres de manera sistemática.

En el contexto que nos ocupa, es muy habitual identificar este síndrome en personas adultas, especialmente cuando son identificadas (no hablemos de diagnóstico, por favor) con AACC.

Por otro lado, en muchas ocasiones, y a ojos profanos, padecer esta lindeza supone ser tachado de perfeccionista, negativo o incluso pesimista. Nada más lejos de la realidad, este rasgo impide o limita mucho el posible disfrute de los éxitos, generando una sensación de agobio o bochorno para quien lo padece, por lo que tampoco se debe confundir con la modestia.

TDAH

Acrónimo de trastorno por *déficit de* atención con hiperactividad. Uno de los términos más polémicos y erróneamente confundido con las AACC. En ocasiones, un diagnóstico puede solaparse con otro y, aunque el TDAH es una patología y las AACC no lo son, las características más evidentes pueden llegar a confundir, especialmente en menores. Un niño con TDAH puede dejar de realizar una actividad porque esta requiere mucha atención o perseverancia; sin embargo, un niño con AACC puede desistir de realizar una tarea solo por aburrimiento y porque no suponga ningún estímulo o esfuerzo cognitivo. A igual resultado, distintos motivos.

TOC

Acrónimo de trastorno obsesivo-compulsivo. Como se autodefine, es un trastorno caracterizado por pensamientos recurrentes, intrusivos e incontrolables derivados de una situación o evento temido. Estos eventos no tienen por qué ser reales ni plausibles, aunque la persona que sufre este trastorno vive en una continua angustia tratando de evitarlos. Generalmente, todos tenemos ciertas manías, rutinas o incluso supersticiones. ¿Debemos pensar que todos sufrimos TOC en mayor o menor grado? La respuesta es que no toda obsesión o compulsión es TOC; tan solo deberíamos preocuparnos si alguna de estas conductas o manías adquiere una relevancia tan importante que se convierte en algo rígido e inmodificable. Tampoco debemos vincular un posible TOC con la autoexigencia, muy habitual en mentes divergentes cuando se tiene consciencia de las propias capacidades del individuo.

Trastorno ciclotímico

Entendido en psiquiatría como una manifestación leve del trastorno bipolar, se caracteriza por la alternancia de episodios de hiperexcitación y ánimo muy elevado, junto a episodios de depresión leve o moderada. Estos pueden ir acompañados de estados de ansiedad, y, aunque afecta a menos del 1 % de la población mundial, quienes lo padecen puede tardar muchos años en superarlo o incluso toda la vida.

El psicólogo Leandro Quiroz, en su publicación web en 2016 sobre superdotación,[29] expone que «los problemas de los superdotados con la interactividad entre las sobreexcitabilida-

---

[29] Los problemas de los superdotados y los trastornos mentales.

https://www.leandroquiroz.com/problemas-de-los-superdotados-y-trastornos-mentales/

des, se dan debido a que pueden cambiar de estado emocional de manera brusca debido a algún estímulo (por más que a otra persona no le parezca lo suficientemente importante o justificado), por tanto existe una razón concreta, lo cual no sucede en el Trastorno Ciclotímico».

La elevada actividad de un cerebro divergente puede confundirse con este tipo de sobreexcitabilidad. Esto, unido a las características de la hiperestesia, ya comentada unos capítulos más atrás, puede provocar episodios en los que una persona con AACC cambie de estado emocional con relativa brusquedad debido a algún estímulo externo. Por lo tanto, se pueden identificar respuestas emocionales muy similares, pero los motivos que las originan son muy distintos.

Epílogo

Aún sigo formulándome una autopregunta muy metafísica que amalgama todo este tinglado y me genera la misma duda que la propia cosmogénesis: ¿es el mundo un lugar acomodado para el normopensante? Y lo que es peor: ¿es la divergencia la nueva clase de afección mental?

En multitud de publicaciones e incluso en conversaciones con algún psicólogo, se ejemplifica de la misma manera comparando un cerebro supereficiente con un fórmula uno. Esta tontería siempre me saca una risotada. Como afirman los profesionales, debemos aprender a pilotar ese bólido para exprimir todo su poder. El problema es que ese tipo de máquinas sacan todo su potencial en un circuito con el asfalto en perfecto estado, curvas peraltadas y sin nadie conduciendo por el carril contrario; sin embargo, la vida real se parece más a una carretera comarcal de doble sentido, asfalto regulinchi, con semáforos, cruces y hasta socavones. ¿No sería más apropiado aventurarse en esta jungla con un Lada Niva[30]? Los aficionados al mundo del motor entenderán perfectamente esta comparativa.

En el mundo anglosajón, el concepto *superdotado* se denomina *gifted*, que deriva del sustantivo *gift*, que literalmente significa 'regalo'; o sea, *superdotado* significa algo así como 'regalado'. Curiosa traducción para una cualidad que, más que alegrías, conlleva infelicidad, incomprensión, insatisfacción y otras tantas lindezas con las que podría estar toda una tarde secuenciando sin repetir dos iguales.

A modo de conclusión y para el lector que haya llegado a este punto sin necesidad de estimulantes, analgésicos u opioides, creo conveniente finalizar con una breve conclusión sobre todo lo relatado, así que vamos a empezar ilustrando en contexto con datos estadísticos. Según la AEST,[31] se estima que el porcentaje de niños y adolescentes identificados con AACC se sitúa en torno al 10 %. Sin embargo, según las estadísticas del Ministerio de Educación en España, existen poco más de 46 000 alumnos identificados y matriculados con AACC (cifras del curso 2021-2022). Esto supone un 0,55 % del total de alumnos matriculados durante el mismo curso (poco más de 8,2 millones). El decalaje entre ambas cifras es bastante significativo. Además, según la comunidad autónoma, el porcentaje de alumnos con AACC varía considerablemente; por lo tanto, este dato no es homogéneo en todo el territorio español y las diferencias aún pueden ser más alarmantes.

---

[30] El Lada Niva es un mítico vehículo todoterreno de fabricación soviética muy vinculado a la cultura rural. Equipa un primitivo pero eficaz motor de gasolina de prestaciones muy limitadas y elevado consumo; no obstante, su sencillez y resistencia lo han convertido en el icono de la robustez por excelencia.

[31] Asociación Española de Superdotados y con Talento para niños, adolescentes y adultos (https://www.aest.es/).

Por otro lado, según la legislación española, se considera a los niños de AACC como alumnos con necesidades específicas de apoyo educativo; sin embargo, la realidad es que ni existen protocolos de identificación adecuados ni se dispone de suficientes medios o programas adaptados a las necesidades curriculares de estos alumnos.

La lectura simple que se puede extraer de este análisis es clara: a pesar de que el marco educativo ha mejorado notablemente en los últimos años, aún dista mucho de proporcionar una respuesta adecuada y equitativa. La situación actual no solo pone en desventaja a este alumnado, sino que también desperdicia su potencial y el que podrían aportar a la sociedad. Mención aparte merece la perspectiva psicológica individual: la falta de adaptación curricular a estas necesidades específicas acaba generando desinterés en el aprendizaje, desmotivación, baja autoestima, frustración y toda la retahíla de problemas psicosociales que ya he comentado anteriormente.

En el plano familiar, la detección precoz en la niñez no solo es fundamental, sino además es el pilar básico para el correcto desarrollo de la persona. Está claro que cada contexto familiar es distinto, y, lo que en algunos núcleos puede resultar un orgullo o incluso algo de lo que alardear socialmente, en otras familias puede suponer una sobrecarga y un problema de difícil gestión. Mientras en algunos entornos se aboga por desarrollar al máximo los potenciales del niño o la niña, en otros se procura no establecer diferencias, que les podrían suponer un aislamiento social. También existen entornos familiares, tal vez la mayoría, en los que ni se detectan estas cualidades o simplemente se realizan diagnósticos erróneos, que pueden acarrear serios problemas al niño de por vida. Poca broma con estas torpezas. En síntesis, independientemente del modelo de núcleo familiar, es crucial no apartar la mirada, buscar una orientación adecuada y, aunque inicialmente pueda parecer un desafío faraónico gestionar la mente divergente de un niño con AACC, la auténtica realidad es que enfrentar las consecuencias de no haber prestado atención a sus necesidades en el momento oportuno resulta aún más complejo y pernicioso para su futuro. Y de esto, el que suscribe estas líneas sabe algo, al menos para escribir un libro.

Por último y a modo de cierre, quiero enfatizar que, a lo largo de estos capítulos, he tratado de ser todo lo transparente y honesto posible, ejemplificando con mis propias vivencias y experiencias personales.

Como indiqué y alerté al inicio, todo esto, este escrito, estas notas y este análisis, ha constituido un ejercicio de reflexión que no debe interpretarse como un manual de psicología o como una guía de autoayuda. En ningún momento he tratado de dogmatizar y, por supuesto, lo que aquí se recoge parte desde mi perspectiva y mi experiencia particular. Lo cual puede no resultar del mismo modo en otras personas en situaciones similares a la mía.

Entiendo que a todos y cada uno de nosotros "los divergentes", la vida antes y después de ser identificados como tales nos ha hecho recorrer un camino no exento de socavones y que en muchas ocasiones, ha podido no ser agradable o no hemos encontrado la comprensión que hubiéramos necesitado. La vida podría haber sido mejor, no más fácil pero tal vez más llevadera y al menos, ese camino habría tenido menos baches y curvas.

Por lo tanto, si algo de lo aquí escrito puede servir de ayuda para alguien semejante a mí, me sentiré plenamente satisfecho.

Índice